Horacio E. Lona

Das Matthäusevangelium

Horacio E. Lona

Das Matthäusevangelium

In der Schule Jesu

HERDER

FREIBURG · BASEL · WIEN

Umschlaggestaltung: Finken & Bumiller, Stuttgart
Satz: Barbara Herrmann, Freiburg
Herstellung: GGP Media GmbH, Pößneck
Printed in Germany
ISBN (Print) 978-3-451-39277-1
ISBN E-Book (PDF) 978-3-451-83277-2

Inhalt

Vorwort

Die vorliegenden Texte zum Matthäusevangelium entstanden zunächst als thematische Grundlage für freie Vorträge im Rahmen von Geistlichen Exerzitien für deutschsprachige Salesianer. Die Druckfassung bringt kleine formale Änderungen mit sich, um den Inhalt einem breiteren Leserkreis zugänglich zu machen. Auch wenn die Adressaten des Textes nun andere sind, behält die Botschaft des Evangeliums in jedem Fall ihre Gültigkeit und Aktualität.

In der Behandlung der Themen habe ich mich um eine für alle verständliche Ausdrucksweise bemüht, ohne das Ziel aus den Augen zu verlieren, die gedankliche Tiefe des Matthäusevangeliums gebührend herauszustellen. Abgesehen vom ersten und von den drei letzten Kapiteln stehen die übrigen in keinem direkten systematischen Zusammenhang und können daher in einer beliebigen Reihenfolge gelesen werden. Der Untertitel „In der Schule Jesu" möchte als Einladung an alle Leserinnen und Leser verstanden werden, sich in ihr und vom Evangelium reichlich belehren zu lassen.

Zu jeder Art von Versuch gehört die Absicht, etwas zu erreichen, auch wenn es sich dabei um einen Ansatz handelt, dessen Erfolg ungewiss ist. Wenn das allgemein gilt, dann umso mehr, wenn der Versuch einen Gegenstand wie das Evangelium des Matthäus betrifft. Dem Ausleger wird von vornherein klar, dass der Versuch nur in einem bescheidenen Ausmaß gelingen kann – in der Hoffnung, dass er nicht ganz scheitert. Aber auch bei diesen begrenzten Erwartungen wird bei ihm dennoch das Gefühl überwiegen, dass es sich gelohnt hat, den Versuch unternommen zu haben.

Noch einmal hat Dr. Bruno Steimer vom Verlag Herder diese Veröffentlichung ermöglicht. Ihm und seinem Team spreche ich meine Anerkennung und meinen Dank aus.

Benediktbeuern, im Advent 2021   *Horacio E. Lona*

1 Einführung: In der Schule Jesu

Der Titel dieser Überlegungen zum Matthäusevangelium (im Folgenden MtEv) verlangt eine Erklärung. Was meint „Schule Jesu"? Die Bezeichnung verweist auf die Struktur des gesamten MtEv, denn es lässt eine echte Belehrungsabsicht erkennen, als würde der Verfasser gern in die Rolle des Lehrers schlüpfen. Beim Versuch, diese Behauptung zu untermauern, wird es sich nicht vermeiden lassen, der Darstellung manche exegetischen Einzelheiten beizugeben. Aber vielleicht bringt dies mit sich, womöglich Vergessenes wieder in Erinnerung zu rufen oder unbekannte Züge darin zu entdecken.

1.1 Jesus, der Lehrer

Der Jesus des MtEv zeigt sich als Lehrer, denn er bringt seine Belehrung in Gestalt großer und umfangreicher Redekompositionen vor. Es sind dies:
- die Bergpredigt (5,1 – 7,27),
- die Missionsrede (10,1–42),
- die Gleichnisrede (13,1–50),
- die Gemeinderede (18,1–35),
- die eschatologische Rede (24,1 –25,46).

Damit kein Zweifel über seine Absicht aufkommt, eine Rede verfasst zu haben, notiert der Verfasser am Ende jeder der genannten Reden nicht ohne eine gewisse Pedanterie: *Und es geschah, als Jesus diese Rede beendet hatte …* (7,28; 11,1; 13,53; 19,1; 26,1).

Über die genannten fünf Reden hinaus gibt es andere Texteinheiten, die das systematische Streben des Lehrers zeigen, damit die Schüler den klar gegliederten Stoff besser erlernen können:

(1) Die Gleichnisrede (13,1–50) besteht aus einer Sammlung von sieben Erzählungen, die der Evangelist dem Markusevangelium und seinem Sondergut entnimmt.

(2) In Mt 8–9 sind es zehn Wundergeschichten, die aber nicht einfach nacheinander erzählt werden, sondern in drei Gruppen gegliedert sind: Nach den ersten drei Erzählungen werden Worte über die Nachfolge eingefügt; genau das Gleiche geschieht nach den folgenden drei Geschichten, und erst dann kommen die vier letzten.

(3) Mt 23,13–36 enthält eine scharfe Gerichtsrede mit *sieben* Weherufen an die Adresse der Schriftgelehrten und Pharisäer. Die Übernahme dieses Stoffes aus der Überlieferung bedeutet nicht, dass der Verfasser auf seinen literarischen Gestaltungswillen verzichten würde. Er kann es sich leisten, bereits Bekanntes in ein neues Gewand zu kleiden.

(4) In der letzten Szene des Evangeliums wird die Rolle Jesu als eines Lehrers auf die Jünger übertragen. Sie werden alle Völker zu Jüngern Jesu machen und sie alles zu befolgen lehren, was er ihnen geboten hat (Mt 28,19–20). Nach dem Willen des Auferstandenen sollen also seine Jünger Lehrer der Völker werden, und der Inhalt ihrer Belehrung ist nichts anderes als Jesu Lehre selbst.

1.2 Der Verfasser des Matthäusevangeliums

1.2.1 „Matthäus"

Wir sprechen vom „Matthäusevangelium" und nennen damit den Verfasser des Werkes. Die Angabe über den Autor geht auf eine alte Tradition zurück, die Papias von Hierapolis in Phrygien etwa im Jahr 130 überliefert. Das Evangelium selbst enthält keinen Hinweis auf den Verfasser. Das Werk ist so anonym wie die anderen drei Evangelien. Wir wissen nichts über die Herkunft der von Papias bezeugten Überlieferung.

Folgende Überlegungen sind Vermutungen, die aber bedenkenswert sein dürften:

(1) Mt 9,9–13 erzählt von der Berufung eines Zöllners. Die gleiche Geschichte bietet Mk 2,13–17, doch der Zöllner heißt hier Levi, Sohn des Alphäus. In Mt 9,9–13, das von Mk 2,13–15 literarisch abhängt, heißt der Zöllner Matthäus. In der Liste der zwölf Jünger Jesu, die Mk 3,16–19 überliefert, gibt es einen Matthäus, der nur an dieser Stelle erscheint und abgesehen von seinem Namen unbekannt bleibt. In der Liste der zwölf Jünger nach Mt 10,2–4 wird nach dem Namen des Matthäus die Angabe *der Zöllner* hinzugefügt.

(2) Warum hat der Evangelist den Zöllner Levi aus Markus in Matthäus umbenannt? Wahrscheinlich weil ihm einerseits die Existenz eines Matthäus in der Liste der zwölf Apostel Jesu bekannt war, andererseits wusste er jedoch von der Berufung des Zöllners Levi nach Mk 3,14: *Da stand Levi auf und folgte ihm nach.* Die Frage war nun: Was ist aus Levi geworden, wenn er Jesus wirklich nachgefolgt war? Die Lösung war einfach. Aus Levi wurde Matthäus, und damit fand die Geschichte von seiner Berufung durch

sein Vorkommen in der Liste der zwölf Apostel ihren logischen Abschluss.

(3) Wie steht es mit der Glaubwürdigkeit der von Papias überlieferten Tradition, die Matthäus als den Verfasser des Evangeliums darstellt? Nach den oben erwähnten Eigentümlichkeiten des Evangeliums – die langen Reden, die gezählten Texteinheiten, auch viele Schriftzitate gehören dazu – ist es kaum denkbar, dass ein ehemaliger Zöllner – so wie Matthäus charakterisiert wird – der Verfasser dieses Textes sein könnte. Ein Jude, der sich in den Dienst der römischen Besatzungsmacht stellt, um sich selbst zu bereichern, würde in Widerspruch mit den Prinzipien seines Glaubens leben. Dass er sich zuvor um das Studium des Gesetzes bemüht hätte, ist sehr unwahrscheinlich, und nur dieses Studium kann als Voraussetzung für die Schaffung eines Werkes wie des MtEv angenommen werden. Folglich ist vor dem Hintergrund der erkennbaren religiösen Haltung und Bildung des Evangelisten die Verfasserschaft durch einen ehemaligen Zöllner nur schwer vorstellbar.

1.2.2 Überlegungen über den Autor des Evangeliums

Bleibt der Autor also anonym, lässt sich dann aufgrund seiner literarischen Schöpfung etwas über ihn aussagen? Was verrät er in seinem Werk über sich selbst? Infolge der Notiz des Papias von Hierapolis wurde lange Zeit die Meinung vertreten, das MtEv sei ursprünglich auf Hebräisch verfasst worden; die heutige Forschung hat sie als unhaltbar erwiesen. Wenn das Werk in griechischer Sprache verfasst wurde, dann geht es auf einen hellenistischen Juden zurück, also auf jemanden, der, wie Paulus, Griechisch als Muttersprache hatte. Der Evangelist schreibt ein einfaches, aber korrektes Griechisch.

Zwei Indizien erlauben darüber hinaus, weitere Hypothesen über den unbekannten Verfasser aufzustellen:

(1) Das erste findet sich in Mt 13,52 am Schluss der Gleichnisrede: *Deswegen gleicht jeder Schriftgelehrte, der ein Jünger des Himmelreichs geworden ist, einem Hausherrn, der aus seinem Schatz Neues und Altes hervorholt.* Das Wort Jesu kommt unvermittelt vor. Was hat der erwähnte Schriftgelehrte mit den soeben erzählten sieben Gleichnissen zu tun? Eine schnelle Lektüre des Evangeliums zeigt den Weg zu einer Antwort. Der Verfasser besitzt nicht nur sehr gute Kenntnisse der Heiligen Schrift, sondern auch die Fähigkeit, sie für die Wahrheit des christlichen Glaubens geschickt heranzuziehen. Einige Beispiele dafür: Mehrmals bringt er sogenannte „Erfüllungszitate" mit der Formel: *Und das ist geschehen, damit sich erfüllte, was der Herr durch den Propheten gesagt hatte ...,* oder: *So erfüllte sich, was durch den Propheten gesagt worden ist ...* (vgl. Mt 1,22; 2,5; 2,15; 2,17; 3,3 usw.). Fragen des Gesetzes werden mit der Formel eingeleitet: *Ihr habt gehört, dass zu den Alten gesagt worden ist ... Ich aber sage euch ...* (5,21–22; 5,27–28; 5,31–32; 5,33–34; 5,38–39; 5,43–44). Diese Art und Weise, mit der Schrift umzugehen, setzt eine entsprechende Ausbildung voraus, und sie konnte nur in einer jüdisch-rabbinischen Schule erlangt werden, die detaillierte Kenntnisse der Schrift und die Übung, mit biblischen Zitaten zu argumentieren, vermittelte.

Aus diesen Beobachtungen lässt sich schließen, dass das rätselhafte Wort über den Schriftgelehrten in Mt 13,52 eine Art von diskreter Selbstdarstellung des Verfassers des Evangeliums ist. Er ist der jüdische Schriftgelehrte, der zum christlichen Glauben kam und so zu einem Jünger des Himmelreichs gewor-

17

den ist, und der jetzt, wie ein Hausherr, aus seinem Schatz Neues und Altes hervorholt. Er nimmt die alte Überlieferung in sein Evangelium auf und gibt sie weiter mit dem, was er hinzufügt.

(2) Das zweite Indiz steht in Mt 8,19: *Da kam ein Schriftgelehrter zu ihm und sagte: Meister, ich will dir nachfolgen, wohin du auch gehst.* Entscheidend in dieser Szene ist nicht die Einleitung, sondern das Wort Jesu über die Verlassenheit des Menschensohns, die der Jünger auf sich nehmen muss. Die Einleitung zum gleichen Wort Jesu, wie es das Lukasevangelium überliefert, spricht nicht von einem Schriftgelehrten, der Jesus nachfolgen will, sondern allgemein von „einem" (Lk 9,57), und das dürfte wahrscheinlich die ursprüngliche Fassung gewesen sein. Wenn der „Schriftgelehrte" vom Evangelisten eigens eingeführt wird, ist der Gedanke nicht abwegig, dass es sich auch hier um eine Selbstdarstellung des Autors handelt, der sich mit der Gestalt dieses Unbekannten identifiziert – bereit, Jesus nachzufolgen, auch wenn diese Entscheidung mit vielen Unannehmlichkeiten verbunden ist.

Fazit: Beim Verfasser des Evangeliums dürfte es sich um einen unbekannten Juden in der Diaspora handeln, der nach einer rabbinischen Ausbildung den Weg zum christlichen Glauben gefunden und sein Werk für die judenchristlichen Mitglieder seiner Gemeinde geschrieben hat. Wenn wir im Folgenden mitunter von „Matthäus" sprechen, um auf den Verfasser hinzuweisen, reihen wir uns in eine alte Sprachtradition ein, ohne den unbekannten Autor mit ihm identifizieren zu wollen.

1.3 Die Matthäusschule

Die Beschäftigung mit dem MtEv bietet uns die Möglichkeit, in unserer Vorstellung dem Lehrer Jesus in der Schule des Matthäus zu begegnen. Es ist wahr, dass die judenchristliche Gemeinde im syrischen Gebiet, der der Evangelist angehörte und für die er sein Werk schrieb, längst nicht mehr existiert. Nur das Evangelium steht uns zur Verfügung, aber nicht als ein literarisches Objekt, das wir aus der Ferne betrachten, sondern als lebendiges Wort, das aus einer tiefen Glaubenserfahrung hervorgegangen ist und die Kraft besitzt, die Hörer anzuregen, in Frage zu stellen, Ruhe oder Unruhe zu stiften, den Glauben zu stärken usw.

1.3.1 Der Lehrer und das Wort

Eingangs haben wir gesehen, wie der Verfasser sich bemüht, Jesus als einen Lehrer darzustellen, der *mit Vollmacht lehrte, und nicht wie die Schriftgelehrten* (Mt 7,29; vgl. Mk 1,22). Andererseits: Der Verfasser selbst ist Lehrer. Durch seine Ausbildung befähigt, übernimmt er die Aufgabe, die Gemeinde zu belehren. Sehr wahrscheinlich tat er das nicht allein, aber es besteht kein Zweifel, dass der Inhalt der Lehre nicht irgendeinen beliebigen Stoff darstellt, sondern die Worte dessen, der der eigentliche Lehrer ist: *Auch sollt ihr euch nicht Lehrer nennen lassen; denn nur einer ist euer Lehrer, Christus* (Mt 23,10).

Unabhängig vom Stoff geht es bei einer Lehre immer um Worte, es sei denn, es handelt sich um praktische Übungen. Die langen Reden, die das Evangelium enthält, gehen in ihrer jetzigen Gestalt auf die literarische Kompetenz des Evangelisten zurück, aber die dort überlieferten Worte dürfen für sich in Anspruch nehmen, den Kern der Verkündigung Jesu zu enthalten.

Wenn an die Gemeinde der „Lehrauftrag" erteilt wird, allen Völkern die Botschaft Jesu zu verkünden (28,20), wird dabei vorausgesetzt, dass sie sich die Worte Jesu zu eigen gemacht hat und bereit ist, sie weiterzugeben. Der Auftrag aber beschränkt sich nicht auf die Gläubigen, an die das Evangelium ursprünglich adressiert war. Durch ihre Verkündigung sind andere Menschen zum Glauben gekommen, und sie alle bilden eine ununterbrochene Kette von Gläubigen, die die Fruchtbarkeit der Worte Jesu bezeugen. Wir selbst stehen am Ende dieser Kette. Unsere Antwort auf das Wort des Evangeliums besteht in der Übernahme der „Verantwortung" für die Weitergabe der Botschaft an die Menschen unserer Zeit.

Weil kein anderes Evangelium eine so schnelle Ausbreitung in christlichen Kreisen gefunden hat und im kollektiven Gedächtnis der Christen so fest verankert blieb wie das MtEv, ist seine Titulierung als „Evangelium der Alten Kirche" berechtigt. Wir beten das „Vaterunser" als das Gebet Jesu, und das gemäß der Version Mt 6,9–13 und nicht Lk 11,2–4; wir kennen die Seligpreisung an die *Armen im Geist* (Mt 5,3), weniger jene an die *Armen* schlechthin (Lk 6,20); die *Heuchelei* der Pharisäer kennt nur das MtEv; das schlimme Ende des Judas ist uns im Gedächtnis nach der Fassung Mt 27,3–10, nicht nach jener in Apg 1,16–20. Das sind nur die bekanntesten Beispiele, aber es wäre ein Leichtes, andere Texte hinzuzufügen, die die Prominenz des MtEv belegen. Der Grund für die Beliebtheit des MtEv in der alten Christenheit dürfte nicht nur der „ekklesiale" Charakter des Textes gewesen sein, sondern auch seine „schulische" Architektur, die ihn für die Katechese bzw. für die Glaubensunterweisung als besonders geeignet erscheinen ließ.

1.3.2 Die Matthäusschule und wir

Beim Versuch, unser Verhältnis zur Matthäusschule zu bestimmen, dürfte es wenig sinnvoll sein, die Defizite in unserer Haltung gegenüber dem Wort aufzulisten. Es könnte mehr helfen, auf manche Bereiche hinzuweisen, die durch das Wort des Evangeliums in ein neues Licht geraten können.

(1) Hörer des Wortes. Das erste, was ein Schüler in der Schule lernen muss, ist das aufmerksame Zuhören auf das Wort der Lehrenden. – Wenn etwas in unserer Welt nicht fehlt, so sind es Worte. Unzählige Botschaften erreichen uns jeden Tag. In der Regel werden sie nicht von einem Lehrer ausgesprochen, aber oft verfolgen sie die Absicht, uns zu überzeugen oder zu bestimmten Handlungen zu bewegen, kurz: Macht über uns auszuüben, wie es bei einem Lehrer sein könnte. Mit den vielen Worten ist es so wie mit der Inflation auf dem Gebiet der Finanzen. Zu viele Geldscheine im Umlauf bewirken einen Wertverlust. Zu viele Worte führen zu einem Bedeutungsverlust der Worte. Wie hören vieles, und vergessen zugleich vieles, ohne dabei das Gefühl zu haben, etwas zu verlieren.

Die Schule des Evangelisten dagegen fordert uns auf, aufmerksam auf die Worte zu hören, um mit deren Inhalt vertraut zu werden und sie in unserer Erinnerung zu behalten. Wir dürfen uns als Privilegierte betrachten, wenn uns die Gnade geschenkt wird, solche Worte, wie sie in der „Rede der Reden" – der Bergpredigt – enthalten sind, anzuhören mit der

Möglichkeit, bei ihnen zu verweilen. Die Bergpredigt ist ein Beispiel unter anderen dafür, dass wir zum Leben eigentlich nicht viele Worte brauchen, und erst recht nicht die vielen leeren Worte unseres Alltags. Die Seligpreisung an die Armen im Geist bzw. vor Gott (Mt 5,3), der Hinweis auf die Vögel des Himmels und auf die Lilien des Feldes, die unbeschwert den Schutz Gottes genießen (6,26–30), um nur bekannte Abschnitte zu erwähnen, sind nicht nur schön klingende Worte. Auch wenn sie uns vertraut vorkommen, werden wir rasch feststellen, dass sie immer zu denken geben und neue Fragen stellen, als würde ihr Sinn aus einer unerschöpflichen Quelle beständig Nahrung empfangen.

(2) Offenheit für das Lernen. Anders als in der Lehranstalt Schule, wo die Schüler von vornherein wissen, dass sie einen Stoff erlernen müssen, den sie grundsätzlich nicht kennen oder nur in groben Zügen, geschieht es nicht selten, dass Erwachsene in der Schule des Lebens meinen, das Wichtigste schon zu kennen, und sich demzufolge weigern, etwas Neues zu lernen. Man nennt solche Menschen „unbelehrbar" oder „beratungsresistent". Einen besonderen Fall stellt es dar, wenn diese Haltung im religiösen Bereich eingenommen wird. Nicht bloß grundsätzliche Ablehnung oder einfache Indifferenz stehen dahinter; auch ein bestimmtes Verständnis der religiösen Überlieferung, der man sich verpflichtet fühlt, kann dazu führen, dass das Wort des Evangeliums nur als bedeutsam angesehen wird, wenn es diese Überlieferung bestätigt, nicht aber, wenn es Überkommenes in Frage stellt oder Neues ankündigt. In einem solchen Fall wird keines der Gleichnisse Jesu, die so viel Unerwartetes und Ungewöhnliches enthalten, einen Überraschungseffekt hervorbringen, der zum Nachden-

ken bewegt. Als Beispiel dafür soll auf das ungewöhnliche Verhalten des Weinbergbesitzers (20,1–16) hingewiesen werden, der allen Arbeitern den gleichen Lohn auszahlen lässt, obwohl nur eine kleine Zahl von ihnen die üblichen zwölf Stunden gearbeitet hat. Möglicherweise wird man die Handlung als ungerecht empfinden oder als Zeichen lebensfremder, naiver Großzügigkeit ansehen. Für den „lernfähigen" Hörer des Wortes vermag die Geschichte hingegen zur Erkenntnis führen, dass der Gott Jesu nicht mit menschlichen Maßstäben erfasst werden kann, und dass man selbst vielleicht auch zu den Arbeitern der elften Stunde gehört.

(3) Die notwendige Anwendung des Wortes. Aus eigener Erfahrung in unserer Schulzeit wissen wir, dass der Beweis dafür, dass wir den Lehrinhalt verstanden haben, in der Fähigkeit besteht, ihn anzuwenden. Wenn wir rechnen können, beweisen wir die Aneignung des entsprechenden Stoffs aus dem Gebiet der Mathematik. Wenn wir korrekt sprechen und schreiben können, zeigen wir die Wirkung der gelernten Grammatik und Literatur. Ähnlich ergeht es mit dem Evangelium. Als Beispiel für diese notwendige Anwendung erwähne ich zwei Bereiche:

(a) Unabhängig von seiner Bildung oder seinen expliziten theologischen Interessen hat jeder Gläubige ein bestimmtes Bild von Jesus. Dass man in die Schule des Matthäus gegangen ist, zeigt sich darin, dass sich die „narrative Christologie" des Evangelisten in diesem Bild niederschlägt. Dabei begegnet uns keine systematische Darlegung in abstrakter Sprache. Angefangen mit dem Stammbaum Jesu (Mt 1,1–17) bis hin zur letzten Szene mit der Erscheinung des Auferstandenen (28,16–20) lösen im Evangelium lange Reden, Gleichnisse und bunte Bilder einander ab. All diese Formen enthalten ein Teil der Antwort

auf die Frage: Wer ist Jesus? Doch anstatt von der Wesensgleich-
heit des Sohnes mit Gott zu sprechen, drückt der Evangelist das
Verhältnis zum göttlichen Geheimnis mit dem Ausdruck
„Immanuel" – „Gott mit uns" – aus. Durch das *Ich aber sage
euch* ... der Antithesen der Bergpredigt nimmt Jesus die Auto-
rität Gottes bei der Gesetzgebung am Sinai für sich in Anspruch,
so wie auch bei der Berufung seiner Jünger in seine Nachfolge.
Die Sprache einer „narrativen Christologie" unterscheidet sich
von der Sprache der dogmatischen Formulierungen. Sie will diese nicht restlos ablösen, aber sie weist auf eine bereichernde Di-
mension der theologischen Sprache hin, die in der heutigen Kultur nicht vergessen werden darf.

(b) In der schlichten und direkten Sprache der Bergpredigt
wird die Absicht deutlich, die Lehre Jesu in ethischen Fragen als
verbindlichen Leitfaden für das christliche Leben vorzutragen.
Den beeindruckenden Charakter dieser Verkündigung wird
wohl niemand leugnen, aber die Schwierigkeiten lassen sich
ebenso wenig übersehen: Wie soll man die extremen Forderungen der Bergpredigt verstehen? Sind sie für alle Christen gleich
verbindlich oder nur für eine exklusive Gruppe? Sind sie wörtlich als realisierbar aufzufassen oder stellen sie ein Ideal vor Augen, das nur annäherungsweise erreichbar ist? Diese Fragen zeigen, dass die Anwendung der Lehre des Evangeliums, in diesem
Fall der Bergpredigt, keineswegs unproblematisch ist. Auf einige Themen werden wir später zurückkommen. Für die Bergpredigt bleibt festzuhalten: Ihre Botschaft ist so zu deuten, dass sie
zum Fundament der christlichen Ethik wird. Es geht dabei nicht
um eine Deutung, die sich den Erwartungen der Gegenwart an-
passen will, sondern um eine, die der ursprünglichen Intention
Jesu treu bleibt, jedoch nicht einfach Worte wiederholt, sondern
sich dem Sinn der Worte annähert. Es kann nicht hingenommen

werden, dass die Quellen der christlichen Ethik eher etwa bei Aristoteles zu suchen sind als in der Botschaft Jesu.

2 Jesus, der Immanuel, der „Gott mit uns"

Die Entscheidung, welchen Namen ein neugeborenes Kind erhält, hängt von vielen Umständen ab: Der Name des Vaters oder der Mutter, in katholischen Gebieten vielleicht der Bezug auf die Tagesheiligen, und auch der Name der Paten oder von Verwandten waren früher häufig maßgebend für die Wahl des Taufnamens. Heute spielen bekannte Gestalten des öffentlichen Lebens oft eine wichtige Rolle oder die Neigung zu exotischen, aber irgendwie wohlklingenden Namen. In all diesen Varianten ist der Name indes eine äußerliche Bezeichnung, die sich mehr oder weniger zufällig ergeben hat.

Im alten Israel war das nicht immer so. Meistens wurde der Name nach den Eltern oder Verwandten bestimmt, aber er konnte auch eine religiöse Komponente enthalten, die in einem unklaren Verhältnis zum Namensträger blieb. Simeon bzw. Simon heißt „Gott hat erhört"; Elisabet bedeutet „Gott ist Fülle", Elischa steht für „Gott hat geholfen" usw.

(1) Nach dem Wort des Engels soll Josef dem Kind, das Maria gebären wird, den Namen „Jesus" geben, *denn er wird sein Volk von seinen Sünden erlösen* (Mt 1,21). Eigentlich bedeutet Jesus (Jᵉhošua) „Yahwe ist Hilfe", und als Personenname war er sehr verbreitet. Im MtEv verkündet der Name das Entscheidende über die Zukunft des noch nicht geborenen Kindes: Es wird als der Erlöser Israels auftreten und wirken.

(2) In der Verkündigung des Engels an Josef sieht der Evangelist die Schrift erfüllt, näherhin ein prophetisches Wort. Gemeint ist Jes 7,14:

Siehe: die Jungfrau wird empfangen und einen Sohn gebären und sie werden ihm den Namen Immanuel geben, das heißt übersetzt: Gott mit uns. (Mt 1,18)

Schwerlich wird der Verfasser übersehen haben, dass für das Kind schon der Name Jesus vorgesehen war, und zwar nach der Anweisung des Engels. Aber Immanuel ist nicht als zweiter Rufname Jesu gedacht, sondern als authentische Bezeichnung seines Wesens. Hinter der in Jes 7,14 ausgedrückten Verheißung verbirgt sich ein zentraler Inhalt des alttestamentlichen Glaubens.

2.1 Der *Gott mit uns* und der Bund zwischen Jahwe und Israel

In allen Phasen seiner Geschichte hat sich Israel exklusiv in seiner Beziehung zu dem mächtigen Gott verstanden, der das Volk auserwählt hat, sich ihm offenbarte und es immer durch die Zeit begleitete. Die Art dieser Beziehung wird häufig mit dem Begriff „Bund" ausgedrückt. Von Gott kommt die Initiative, den Bund mit Israel zu schließen, aber der Terminus meint eine gegenseitige Verpflichtung. Israel muss die von Gott erlassenen Bestimmungen erfüllen, um als auserwähltes Volk vor ihm zu bestehen.

(1) Die Beziehung des Menschen zu Gott bleibt letztlich unaussprechlich. So hat auch Israel mehrere Bilder verwendet, um die Möglichkeiten der Sprache innerhalb deren Grenzen auszuschöpfen und auf diese Weise etwas über diese Beziehung auszusagen. Einige Bilder kreisen um das Thema der „Gegenwart Gottes" inmitten seines Volkes. Diese kann sich in der Gestalt einer *Wolke* ereignen, die dem Volk bei Tag den Weg zeigt, wäh-

27

rend in der Nacht eine Feuersäule diese Aufgabe übernimmt (Ex 13,21–22). Auch die *Herrlichkeit* Gottes ist ein leuchtendes Phänomen, das in der Wolke erscheint (Ex 16,10), aber auch im heiligen Zelt (Ex 29,43; 40,34) oder im Tempel (1 Kön 8,11; Ez 9,3) Wohnung nehmen kann.

(2) Die Gegenwart Gottes kann einfach durch die Form „sein mit" bzw. „sein bei uns" ausgedrückt werden. Voll Freude verkündet der Prophet Sacharja der Tochter Zion:

> *An jenem Tag werden sich viele Völker dem Herrn anschließen und sie werden mein Volk sein und ich werde in deiner Mitte wohnen.* (Sach 2,15)

Und kurz darauf in noch eindrucksvoller Form:

> *In jenen Tagen werden zehn Männer aus Nationen aller Sprachen einen Mann aus Juda an seinem Gewand fassen, ihn festhalten und sagen: Wir wollen mit euch gehen; denn wir haben gehört: Gott ist mit euch.* (Sach 8,23)

(3) In diesen Zusammenhang lässt sich das oben zitierte Wort Jes 7,14 einordnen. Historisch gesehen handelt es sich um ein Wort des Propheten Jesaja an König Ahas in einer Zeit politischer Bedrängnis, in der sowohl der König als auch das Volk an der Macht der Verheißungen Gottes über das Haus David zweifelten. Ausgerechnet in dieser schwierigen Lage kündigt der Prophet den Beistand Gottes an, der im noch nicht geborenen Sohn des Königs kommen wird: Sein Name wird *Immanuel* sein. Die Gegenwart Gottes in seinem Volk bürgt für die Wirksamkeit der Verheißung in der Geschichte. Der König soll sich darauf verlassen.

(4) Jede Art von Beziehung kann nur dann entstehen, wenn es ein Gegenüber, ein Anderes gibt, auf den bzw. das sie sich hin ordnet. Dieser „Bezugspunkt" kann nur in einer „Präsenz" bestehen, damit die Beziehung nicht zu einer bloßen Selbstbespiegelung wird, in der sie sich verleugnen würde. Die Objektivierung der Präsenz in der Form der Wolke oder der lichtvollen Herrlichkeit sind Versuche, die Gegenwart des Anderen zu veranschaulichen. Bei den Formeln „sein mit" bzw. „sein bei" wird die Präsenz unmittelbar behauptet, ohne bildhafte Gestalt. Anders als beim „Bund" fehlt hier der Hinweis auf die gegenseitigen Pflichten, wie bei der Schließung eines Vertrags. Die Präsenz Gottes in seinem Volk bedeutet zwar Gegenwart des Heils, aber keinerlei Automatismus, als gäbe es so etwas wie eine magische Formel, die seine Gegenwart gewährleistete. Erforderlich ist immer die menschliche Antwort auf die Initiative Gottes. Wenn diese Antwort fehlt, entzieht sich der Mensch dem Bereich des Heilshandelns Gottes. Im Rahmen der gleichen Dynamik konnte die Verheißung des Immanuel die Katastrophe des Babylonischen Exils nicht verhindern, aber sie zeitigte keinen endgültigen Verlust. Auch im Exil überlebte die Hoffnung alle Niederlagen. Die zitierten Worte des Propheten Sacharja – … *denn wir haben gehört: Gott ist mit euch* – wurden erst nach der Rückkehr aus dem Exil gesprochen.

2.2 Die Gegenwart des Heils im Matthäusevangelium

Wenn die Überlegungen über den Verfasser des Evangeliums richtig sind (s. o. 1.2), dann überrascht es nicht, dass er die Gegenwart des Heils in der Gestalt Jesu in alttestamentlichen Kategorien darstellt. Seine Denkart ist durch die rabbinische Ausbildung geprägt. Die Übernahme des christlichen Glaubens hat diese Prägung nicht beseitigt, wohl aber mit einem neuen Inhalt bereichert. Drei Stellen im Evangelium beweisen dies.

2.2.1 Mt 1,18: ... und sie werden ihm den Namen Immanuel geben, das heißt übersetzt: Gott mit uns

Im Zusammenhang mit der Geschichte von der Geburt Jesu bekommt das Zitat aus Jes 7,14 eine andere Bedeutung als in der prophetischen Verkündigung. Jetzt geht es nicht mehr um die Geburt des Königssohnes als Zeichen der Hoffnung, dass Gott sein Volk nicht seinem Schicksal überlässt, sondern als mächtiger Herr zu ihm steht, wie der Name des Kindes – Immanuel – andeutet. Auch in Mt 1,18–21 wird die Geburt eines Kindes angekündigt, aber aus einer Jungfrau durch das Wirken des Heiligen Geistes (1,18.20). Jetzt ist das Kind aber nicht allein Zeichen der Hoffnung, ein Symbol der Gegenwart Gottes. In seiner Geburt vollzieht sich vielmehr die Selbstmitteilung Gottes durch die Kraft des Geistes, und so ist der Name Immanuel wörtlich aufzufassen: Jesus ist die menschliche, sichtbare Gestalt des unsichtbaren Gottes (vgl. Kol 1,15).

In der Struktur des Evangeliums hat das Zitat aus Jes 7,14 in Mt 1,23 programmatische Bedeutung. Was hier angekündigt wird, entfaltet sich in den folgenden Kapiteln in den Worten und Taten Jesu und bestimmt einen wesentlichen Zug der Christologie des Evangelisten. Mit großer Kühnheit überträgt er eine Sprachform, die im Alten Testament den Kern der Beziehung Gottes zu seinem Volk ausdrückte, auf Jesus, den Christus des christlichen Glaubens, um in ihm die Gegenwart des Heils zu verkünden. Christologische Verkündigung bedient sich nicht nur der dazu gehörenden Titel (Sohn Gottes, Menschensohn, Prophet usw.), sondern greift auf eine Vorstellung zurück, die mit der Geschichte des Glaubens in Israel eng verbunden war: Auch in der Erfahrung tiefen Niedergangs konnte sich das Volk auf die Gewissheit stützen, dass Gott ihm immer nah ist, in „seiner Mitte", „mit ihm". Das, was Gott für Israel ist, ist Jesus als der Immanuel für die Gemeinschaft der Gläubigen.

2.2.2 Mt 18,20: *Denn wo zwei oder drei in meinem Namen versammelt sind, da bin ich mitten unter ihnen*

Die Aussage beschließt eine Texteinheit (18,15–20), die sich mit der Lösung eines Konflikts in der Gemeinde befasst. Jemand, der sich offensichtlich weigert, die eigene Verfehlung zuzugeben, um so den Weg zur Versöhnung mit seinem Bruder zu öffnen, soll von der Gemeinde ausgeschlossen werden. Das Recht der Gläubigen, eine solche Entscheidung zu treffen, wird durch das Wort von der Binde- und Lösegewalt begründet, die der Gemeinde übertragen ist (18,18). Aber der Fall ist damit nicht endgültig abgeschlossen; nicht das „Kirchenrecht" hat das letzte Wort. Die Gemeinde verfügt über eine andere Macht, um den Konflikt mit einer positiven Lösung abzuschließen, und dies ist die Macht des Gebetes: *Was auch immer zwei von euch auf Erden einmütig erbitten, werden sie von meinem himmlischen Vater erhalten* (18,19). Das einmütige Gebet – auch von nur zwei Gläubigen – kann erreichen, was durch bisherige Verhandlungen nicht erreicht werden konnte, dass nämlich der hartnäckige Sünder seine Schuld einsieht und Vergebung und Versöhnung möglich werden.

Über die Macht des Gebetes an sich lässt sich streiten, aber Mt 18,20 enthält den entscheidenden Hinweis auf den Grund des Vertrauens in seine Macht. Die zwei Betenden stehen nämlich nicht allein, wenn sie sich einmütig mit ihrem Anliegen an den Vater wenden. Die Anwesenheit des Herrn mitten unter ihnen ist nur dann denkbar, wenn damit nicht der irdische Jesus gemeint ist, sondern der erhöhte Herr. In dieser Perspektive verschiebt sich hier der Akzent im Vergleich zum Zitat von Jes 7,14 in Mt 1,23 leicht: Die Gegenwart des Heils steht nicht im Zusammenhang primär mit der Gestalt, die sie verkörpert, sondern mit ihrer Wirkung in der Gemeinschaft der Gläubigen. Wie die Taten Gottes seine Gegenwart in seinem Volk bezeugten, so wirkt der erhöhte Herr mitten in der christlichen Gemeinde.

Der „Herr in unserer Mitte" als „Kurzformel des Glaubens" war die Vorstellung, die der Gemeinde die Kontinuität mit dem Volk des alten Bundes vor Augen hielt und zugleich das Neue und Unüberbietbare des Christusgeschehens hervorhob. Das ekklesiologische Bewusstsein der Gemeinde war nicht allein eine innere Überzeugung, sondern verlieh auch Kraft für das Bestehen in einer feindseligen Gesellschaft, in der sie sowohl ihre jüdische Wurzel als auch ihre christliche Prägung zu bezeugen hatte.

2.2.3 Mt 28,20b: *Und siehe, ich bin mit euch alle Tage bis zum Ende der Welt*

Die letzte Szene des Evangeliums (Mt 28,16–20) zeigt beispielhaft das Gestaltungsvermögen des Evangelisten. Nach der Leidensgeschichte erzählt er vom Gang der Frauen zum leeren Grab (28,1–8) in einer Fassung, die sich grundsätzlich

an Mk 16,1–8 orientiert. Die Erscheinung des Auferstandenen in Galiläa (Mt 28,7) ist ihm so wichtig, dass er die Ankündigung an die Frauen durch den Auferstandenen selbst
wortgleich wiederholen lässt (28,9–10). Anschließend schiebt
er die Sonderüberlieferung vom Betrug des Hohenpriesters
ein, der den Soldaten Geld gibt, damit sie den Leuten erzählen, die Jünger Jesu hätten in der Nacht den Leichnam ge-
stohlen (28,11–15).

Die drei erwähnten Texteinheiten dienen als Vorbereitung auf
Mt 28,16–20. Die elf Jünger – über das furchtbare Ende des
Judas hatte der Evangelist in 27,3–10 berichtet – begegnen
dem Auferstandenen auf einem Berg in Galiläa im Rahmen eines imposanten Szenariums. Hier interessieren wir uns nur für
die Worte des Herrn.

1. *Mir ist alle Vollmacht gegeben im Himmel und auf der Erde*
   (28,18b) bekundet die von Gott gegebene Sonderstellung des
   Auferstandenen.
2. *Darum geht und macht alle Völker zu meinen Jüngern*
   (28,19a): Die Sendung Jesu und seiner Jünger beschränkte
   sich auf die geographischen Grenzen Israels: *Geht nicht den
   Weg zu den Heiden und betretet keine Stadt der Samariter,
   sondern geht zu den verlorenen Schafen des Hauses Israel*
   (Mt 10,5–6). Die Gemeinde des Auferstandenen kennt dagegen keine geographische und keine ethnische Grenze. Die
   ganze Welt ist das Ziel ihrer Sendung.
3. *Tauft sie auf den Namen des Vaters und des Sohnes und des
   Heiligen Geistes* (28,19b): Zum ersten Mal kommt die Formel vor, die sich in der Liturgie durchsetzen wird. In der Gemeinde des Evangelisten gehörte sie schon zur liturgischen
   Praxis.

4. *Und lehrt sie, alles zu befolgen, was ich euch geboten habe*
   (28,20a): Die Lehre Jesu ist auch die Lehre der Gemeinde
   an alle Völker.

5. *Und siehe, ich bin mit euch alle Tage bis zum Ende der Welt*
   (28,20b).

Von den drei zitierten Worten (1,23; 18,20; 28,20b) erweist sich
das dritte als das ekklesiologisch bedeutsamste. Der auferstandene Herr ist der Immanuel, dessen Gegenwart in der Gemeinde
konstitutiv für ihr Selbstverständnis und für ihren Bestand ist.
Ihre Verwurzelung im Judentum, ihre Bindung an Jesus und seine Lehre, ihre Entwicklung als christliche Gemeinde und ihre
Verantwortung für die Ausbreitung des Glaubens durch die Sendung an alle Völker – all das bekommt Sinn und Begründung in
der Aussage, die das Evangelium beschließt.

Das Missverhältnis zwischen Selbstbewusstsein und Anspruch
der Gemeinde einerseits und ihrer gesellschaftlichen Relevanz
andererseits ist unübersehbar. Eine kleine Gruppe von Judenchristen, die irgendwo in der römischen Provinz Syrien angesie-
delt ist, versteht sich als die Gemeinde Gottes in der Welt, die
sich der Aufgabe stellt, die ganze Menschheit zum christlichen
Glauben zu führen und ihr die Lehre Jesu beizubringen. Realistisch gesehen hat sie so viel wie nichts in der Hand, um ihr Ziel
zu erreichen: weder politische Macht noch sonstige Mittel, um
die Gesellschaft zu beeinflussen und für den Glauben zu gewinnen. Die einzige Stärke der Gemeinde ist die Gewissheit von der
Gegenwart des Auferstandenen in ihrer Mitte, der ihren Weg bis
zum Ende der Welt begleitet.

2.3 Kirchliches Bewusstsein und christliche Lebensführung

Unser Wissen über die matthäische Gemeinde geht auf die Angaben des Evangeliums zurück. Über die spätere Entwicklung der Gemeinde, über ihre Rolle in der Mission im syrischen Raum, über ihr Fortbestehen oder schnelles Ende wissen wir nichts, weil die Quellen darüber schweigen. Aber auch mit diesen Lücken dürfte es nicht unangebracht sein, über das Verhältnis zwischen dem kirchlichen Bewusstsein und der Lebensführung der Gläubigen nachzudenken.

Man darf annehmen, dass für die Mitglieder der Gemeinde die Überzeugung, Gemeinde Gottes zu sein mit dem Beistand des Auferstandenen, eine Art von Lebensraum schuf, innerhalb dessen sie sich entfalten konnten. Ein Glaubenszeugnis von der Qualität des Evangeliums ist nicht im luftleeren Raum entstanden und ist auch nicht das Ergebnis des Nachdenkens eines Einzelnen. Vielmehr spiegelt sich darin die Glaubenserfahrung einer Gruppe wider, die sich im Prozess des Nachdenkens über die Überlieferung bis hin zur schriftlichen Fassung wiederfinden konnte.

2.3.1 Die Praxis des Glaubens

Mehrmals betont der Evangelist die Notwendigkeit, die Wahrheit des Glaubens durch entsprechende Taten zu bestätigen. Es genügt nicht, den Herrn anzurufen, in seinem Namen als Prophet aufzutreten oder viele Machttaten zu wirken, wenn die konkreten Taten des Gehorsams fehlen (Mt 7,21–23). Dem Hören des Wortes müssen die entsprechenden Taten folgen, um vor dem Herrn zu bestehen (7,24–27). Einer der zwei Söhne weigert sich, nach dem Wunsch seines Vaters in den Weinberg zu gehen und zu arbeiten, aber schließlich ändert er seine Meinung und geht doch hin; sein Bruder hingegen erklärt sich dazu bereit, aber am Ende geht er nicht. Nur der erste Bruder erfüllt den Willen des Vaters. Daher die bestürzende Folgerung: *Die Zöllner und die Dirnen gelangen eher in das Reich Gottes als ihr* (21,28–31).

Die Zugehörigkeit zur Heilsgemeinde ist nur eine von den Gläubigen angenommene Wahrheit, aber nicht mehr als dies. Nur Taten vermögen diesbezüglich Klarheit zu schaffen. Es ist typisch für das MtEv, dass es das Moment der Lehre und die Aufgabe der Belehrung hervorhebt und zugleich einschärft, dass Lehrinhalte und Frömmigkeit ohne die konkrete Umsetzung in die Praxis keinen Wert vor Gott besitzen.

2.3.2 Die Herausforderung der Gegenwart

Man geht wahrscheinlich nicht fehl in der Annahme, dass unser kirchliches Bewusstsein eng mit unserer Erfahrung der sozialen Wirklichkeit zusammenhängt. In einer pluralen Gesellschaft, die wie in Mitteleuropa durch viele und unterschiedliche Gruppen mit ihren eigenen Interessen gebildet wird – unter denen die Vertreter der christlichen Konfessionen nur eine Gruppe sind –, gibt es keinen Raum mehr für eine Wahrnehmung der Kirche als entscheidender Faktor in der sozialen Entwicklung.

Inmitten einer atomisierten Gesellschaft überrascht es dann nicht, wenn der christliche Glaube als eine persönliche Entscheidung empfunden wird, die das eigene Leben und das der unmittelbaren Umgebung betrifft, die aber nicht auf die Zugehörigkeit zu einer christlichen Gemeinde angewiesen ist.

Es mag sein, dass in manchen Dörfern mit einer noch starken religiösen Prägung diese Zugehörigkeit – so wie zu anderen Vereinen – deutlich spürbar ist, aber das ist sicherlich in einer Situation der Anonymität in der Stadt anders. Für die Kirchen bedeutet dies einen Verlust gesellschaftlicher Präsenz und Relevanz und geht einher mit der Tendenz christlicher Gemeinden, intime Räume zu suchen, um dort ihre Frömmigkeit zu pflegen. Es herrscht das bedrückende Gefühl, in einer Welt zu leben, die oft das Christentum nicht bekämpft, sondern es einfach ignoriert.

Diese Beobachtungen, die sich leicht mit vielen anderen gleichen Tenors ergänzen ließen, wollen nicht Tendenzen mancher kirchlichen Kreise das Wort reden, die einen gewissen Jammerton anschlagen, um eine bessere Vergangenheit heraufzubeschwören, die man gerne wieder herstellen würde. Das Vergangene ist vergangen, und es war nicht viel anders – auf jeden Fall nicht viel besser – als die Gegenwart. Diese Bestandsaufnahme lässt aber nun die Schlussfolgerung zu: Auch heute leben wir in einer Gesellschaft, die viele Ähnlichkeiten mit jener des Evangelisten und seiner Gemeinde aufweist. Sicherlich gibt es bei uns noch viele sichtbare Zeugnisse christlicher Präsenz in der Gesellschaft, aber ihr Wert relativiert sich, wenn sie nur an vergangene Zeiten erinnern, ohne Bezug auf die Gegenwart. Die wertvollsten Kunstobjekte ersetzen keine christliche Gemeinde.

Trotz der Unterschiede zwischen der Gemeinde des Evangelisten und unseren Gemeinden stellt sich die Frage, ob wir, die Christen im 21. Jahrhundert, etwas von diesen uns unbekannten Christen lernen können, von denen wir nur das eigenartige und wertvolle Zeugnis ihres Evangeliums besitzen. Zumindest im Hinblick auf die beiden Themen – Gegenwart des Heils, Praxis des Glaubens –, die wir in diesem Abschnitt angedeutet haben, wäre es sicherlich ein Gewinn, die Stimme des Evangeliums wahrzunehmen, um aus ihr etwas zu lernen. Bei beiden Themen geht es um einfache Inhalte, weit entfernt von theologischen Spekulationen; sie bedürfen keiner detaillierten Erklärung, um verstanden zu werden.

Die „raison d'être" einer christlichen Gemeinde besteht nicht in ihrer Funktion, Sakramente zu spenden, das dazu erforderliche liturgische Angebot zu gewährleisten, an die christlich-ethischen Pflichten zu erinnern, karitative Initiativen zu organisieren und durchzuführen. All dies ist notwendig, aber nicht wesentlich. Die Identität der Gemeinde steht und fällt mit der Überzeugung, die „Gemeinde Gottes" zu sein, mit der Aufgabe, etwas vom unaussprechlichen Geheimnis Gottes in der Welt präsent zu machen, mit anderen Worten: den *Immanuel*, den *Gott mit uns* weiterzugeben. Die genannten Funktionen sind Formen, in denen sich der Anspruch der Gemeinde konkretisiert, aber ohne den Kern der christlichen Identität haben sie keinen distinktiven Wert.

Mit ungewöhnlicher Heftigkeit wurde in den letzten Jahren die Wahrheit des christlichen Glaubens zutiefst in Frage gestellt. Der Grund dazu waren nicht Zweifel an theologischen Lehrsätzen, sondern vor allem ans Licht gekommene eklatante Verfehlungen in mehreren Bereichen des kirchlichen Lebens. Sie sind bekannt und brauchen hier nicht aufgelistet zu werden. Die Gemeinde des Evangelisten erinnert uns daran: Nur eine konsequente Praxis vermag die Wahrheit des Glaubens zu erweisen. Die Wahrheit will nicht allein erkannt, sondern auch getan werden.

3 Die Seligpreisung der Armen

Selig die Armen im Geiste (Mt 5,3). Der Ausspruch ist nicht nur Christen bekannt, sondern auch vielen anderen Menschen, unabhängig davon, ob sie von der Bibel oder vom christlichen Glauben etwas wissen oder nicht. Aber „allgemein bekannt" bedeutet nicht „allgemein verstanden". Auch wir müssen zugeben, dass sich dieses Wort, obwohl uns recht vertraut, bei genauem Hinschauen als rätselhaft erweist.

Denn Arme habt ihr immer bei euch (Mk 14,7). Jesus sagt hier nichts Neues. Zu allen Zeiten, in jeder Gesellschaft lässt sich das Phänomen der Armut feststellen. Aber eine Seligpreisung, etwa eine Gratulation an die Armen, weil sie arm sind, hört man selten, und wenn schon, nur aus dem Mund derer, die nicht arm sind. Arme selbst betrachten sich nicht als selig. Meistens möchten sie der Armut entkommen und nicht mehr zu den Armen gezählt werden.

Wenn nur *die Armen im Geiste* gemeint sind – moderne Übersetzungen sprechen von den *Armen vor Gott* –, stellt sich die Frage nach der Bedeutung dieser Präzisierung. Worin besteht diese Spiritualisierung der Armut? In welchem Verhältnis steht sie zur konkreten Erfahrung der Armut? Was Armut bedeutet und wer die Armen sind, wird in der Regel von der Soziologie mit ihren Methoden untersucht und bestimmt. Geht es hier um eine theologische Sicht der Armut? Die Gefahr liegt auf der Hand, dass die Theologie noch einmal eine Sondersprache pflegt, um über die Armut zu reden, ohne die brutale Wirklichkeit der Armut, unter der viele Millionen Menschen leiden, zur Kenntnis zu nehmen.

In einem ersten Schritt wollen wir im Folgenden die Seligpreisung der Armen im Zusammenhang mit den anderen Seligpreisungen verstehen. Der Vergleich mit der Fassung im Lukasevangelium soll dabei helfen, die besondere Prägung des Evangelisten besser zu erfassen.

3.1 Die Seligpreisungen (Mt 5,3–12)

Das Wort „Seligpreisung" erinnert in mehreren Sprachen an bekannte Aussagen der Evangelien und wird allgemein in deren Sinn verstanden. Die ursprüngliche Bedeutung geht aber darüber hinaus und meint den lobenden Ausdruck an die Adresse einer oder mehrerer Personen aufgrund verschiedener Anlässe: *Selig ein Mensch, der sich an Kindern erfreut* (Sir 25,6); *selig, wer mit einer klugen Frau zusammenlebt* (Sir 25,8); *selig, wer Klugheit findet* (Sir 25,9) usw. In der biblischen Sprache versteht es sich von selbst, dass der Grund für die Seligpreisung den Menschen in seiner Beziehung zu Gott betrifft: *Selig der Mann, der nicht nach dem Rat der Frevler geht* (Ps 1,1); *selig der Mensch, dem der Herr die Schuld nicht zur Last legt* (Ps 32,2) usw. Die lobende Anerkennung – heute würden wir „glücklich" anstelle des altmodisch klingenden „selig" sagen – bestätigt einen Wert, der von allen als positiv anerkannt wird, wie die Kinder, die kluge Frau, die Klugheit, die Vergebung usw. Auch das Lob der Mutter Jesu, das eine unbekannte Frau in Emphase ausspricht, gehört dazu: *Selig der Schoß, der dich getragen, und die Brust, die dich gestillt hat!* (Lk 11,27)

An diesem Punkt tritt ein deutlicher Unterschied hervor im Vergleich zu den Seligpreisungen Jesu. Denn die Armen, Trauernden, Hungrigen usw. werden in der Regel nicht als Menschen angesehen, die verdienen, glücklich gepriesen zu werden, sondern ihnen haftet Bedürftigkeit, Verlust und Mangel an, was jedes Lob als unangebracht erscheinen lässt. Der Kontrast zum gängigen Empfinden über das angemessene Lob wird umso augenfälliger, wenn man die Fassung des Lukasevangeliums heranzieht, die verglichen mit dem MtEv an Radikalität nichts zu wünschen übrig lässt. Bei drei der Seligpreisungen ist die Verschärfung der Botschaft unübersehbar:

Mt 5,3: *Selig die Armen im Geiste,* *denn ihnen gehört das Himmelreich.*	Lk 6,20: *Selig, ihr Armen,* *denn euch gehört das Reich Gottes.*
Mt 5,4: *Selig die Trauernden,* *denn sie werden getröstet werden.*	Lk 6,21b: *Selig, die ihr jetzt weint,* *denn ihr werdet lachen.*
Mt 5,6: *Selig, die hungern und dürsten nach der Gerechtigkeit,* *denn sie werden gesättigt werden.*	Lk 6,21a: *Selig, die ihr jetzt hungert,* *denn ihr werdet gesättigt werden.*

Lukas wendet sich direkt an seine Adressaten und redet sie in der zweiten Person Plural an, als stünden sie als Publikum unmittelbar vor ihm. Matthäus benutzt die dritte Person Plural, als würde er eine Belehrung vortragen, die sowohl in ihrer Gültigkeit und Akzeptanz als auch in der Breite ihrer Ausrichtung uneingeschränkt sein will.

Die Aussagen in der lukanischen Fassung beziehen sich auf konkrete Gegebenheiten und sind wörtlich zu nehmen. Wer die Armen sind, wird durch den entsprechenden Weheruf verdeutlicht: *Doch weh euch, ihr Reichen; denn ihr habt euren Trost schon empfangen* (Lk 6,24). Das *jetzt* bei den folgenden Seligpreisungen hebt den situativen Bezug des Wortes hervor: die *jetzt* hungern und weinen; es erhöht zugleich die Spannung hinsichtlich der darauffolgenden Begründung: *denn ihr werdet gesättigt werden* bzw. *denn ihr werdet lachen.* Wann und wie soll dies geschehen?

Die Fassung des Matthäus hingegen ist weniger irritierend. Wer die Seligpreisung hört, fühlt sich nicht direkt angesprochen, und bei den *Armen im Geiste* bleibt offen, inwieweit diese Armut mit realer Bedürftigkeit zusammenhängt. Wenn Hunger und Durst nicht auf Speise und Trank gerichtet sind, sondern auf die Gerechtigkeit, verlieren sie die Materialität, die der Erfahrung ihren spezifischen Charakter verleiht. Als Metaphern für die Sehnsucht nach der Gerechtigkeit klingt in ihnen keine Bedrohung des Lebens mit, wie es bei konkretem Hungern und Dürsten der Fall ist.

Das MtEv enthält zugleich auch weitere Seligpreisungen, die in der Fassung des Lukas nicht bezeugt sind: *selig die Sanftmütigen, selig die Barmherzigen, selig, die ein reines Herz haben, selig, die Frieden stiften, selig, die verfolgt werden um der Gerechtigkeit willen.* Mit Ausnahme der Seligpreisung der Verfolgten um der Gerechtigkeit willen beziehen sich die übrigen auf Haltungen, die sich positiv auf das Zusammenleben auswirken, wie Sanftmut, Barmherzigkeit, Lauterkeit, Friedensbereitschaft. Nicht mehr Mangel und Not, wie Armut, Hunger, Trauer – auch Verfolgung – werden gepriesen, sondern Lebensvollzüge, deren Auflösung sich in keiner Machtdemonstration äußert und die dennoch die zwischenmenschlichen Beziehungen prägen und fördern, indem sie darauf ausgerichtet sind, Spannungen zu vermeiden bzw. abzubauen. Wäre das gesellschaftliche Miteinander durch Sanftmut, Barmherzigkeit, Lauterkeit und Friedensbereitschaft bestimmt, käme man einem utopisch anmutenden Ideal recht nahe.

Zwischen den drei ersten Seligpreisungen – der Armen, der Trauernden sowie der Hungernden und Dürstenden – und den übrigen oben aufgelisteten lässt sich eine Verbindungslinie herstellen. Die darin Angesprochenen stehen in Lebenssituationen, die nachgeahmt werden können und sollen, weil sie nicht von soziologischen Bedingungen abhängen, sondern allgemein realisierbar sind. Jede und jeder kann hungern und dürsten nach der Gerechtigkeit, ohne real Mangel zu leiden. Das Gleiche gilt für die Armen im Geiste im Vergleich zu denen, die in Armut leben müssen. Ebenso ist das Gefühl der Trauer von der Empfindung her nicht so emotional belastet wie das Weinen.

Der beispielhafte Charakter der Seligpreisungen im MtEv passt zur belehrenden Intention des Evangeliums. Was der Verfasser hier bietet, ist nichts anderes als eine Zusammenfassung der wesentlichen Haltungen, die zum Vollzug des christlichen Lebens gehören. Der Abschnitt Mt 5,3–12 wirkt wie eine feierliche Ouvertüre vor der langen Bergpredigt mit ihren zahlreichen Themen, die die Passage 5,13 – 7,28 umfasst. Jesus, der Lehrer, tritt in einem großartigen geographischen Rahmen auf: Er steigt auf einen Berg; dort setzt er sich nieder, und seine Jünger treten zu ihm. Alle Leser können sich das Bild vorstellen: Jesus, seine Jünger, und in einem dritten Kreis die vielen Menschen. Hier beginnt Jesus seine Belehrung.

Ob der Verfasser bei dieser Schilderung assoziativ gedacht hat oder nicht, darf offenbleiben, aber manche Einzelheiten erinnern an die Erzählung der Offenbarung Gottes auf dem Berg Sinai (Ex 19,1–25), die dem Bundesschluss vorangeht. Mose steigt auf den Berg (19,3.20.24) und wird zum Mittler zwischen Gott und dem Volk und zum Zeugen des Bundesschlusses (Ex 24,1–18). Der Berg als Ort auf der Erde, der dem Himmel am nächsten steht, ist der Ort der Offenbarung Gottes. Jesus steigt auf den Berg (Mt 5,1) und nach seiner Rede steigt er wieder hinunter, aber er ist nicht ein zweiter Mose. In der Bergpredigt offenbart er den Willen Gottes, und damit werden das Gesetz und die Propheten nicht aufgehoben, sondern in ihrem echten Sinn erfüllt.

3.2 Die Seligpreisung der Armen im Geiste

Im MtEv bestimmt die Seligpreisung an die *Armen im Geiste* den Grundtenor, der die folgenden Seligpreisungen prägt. Die Armut vor Gott ist die Grundvoraussetzung dafür, dass die anderen Haltungen realisiert werden. Bei diesem Thema zeigt sich Jesus als der Jude, der in der Frömmigkeit seines Volkes tief verwurzelt ist. Im Folgenden versuchen wir, den Hintergrund seiner Worte zu beleuchten.

3.2.1 Die „Armenfrömmigkeit" des Judentums

Der Ausdruck „Armenfrömmigkeit" bezeichnet ein religiöses Phänomen, das sich besonders in der biblisch-nachexilischen Zeit verbreitet. Im Mittelpunkt steht die Gestalt des Armen, der aber nicht primär durch seine materielle Bedürftigkeit charakterisiert ist. Armut ist vielmehr die Haltung des Menschen vor Gott, der im Bekenntnis zur eigenen Niedrigkeit seine Wahrheit findet. Der Arme vertraut nicht auf sich selbst, sondern auf die rettende Macht Gottes; er beruft sich nicht auf die eigenen religiösen Leistungen, denn er weiß um die Nichtigkeit des Sich-Rühmens vor Gott (Ps 131,1). Da er nicht zu den Mächtigen im Volk gehört, ist er auf die Hilfe Gottes angewiesen, um vor den Angriffen der Feinde zu bestehen (Ps 69,2–6). All diese Anfeindungen erschüttern die Gewissheit nicht, dass Gott auf seiner Seite steht und ihn in der Stunde der Not nicht verlassen wird (Ps 34,7; 35,10; 56,10; 72,12–14; 146,6–9). Zu seiner Hoffnung gehört auch die Vorstellung eines umfassenden Umsturzes der weltlichen Verhältnisse (Ps 107,9; 113,7–9; 138,6; Ijob 5,11). Das Lied Marias, das Magnifikat (Lk

1,46–55), ist ein schönes Zeugnis für die Armenfrömmigkeit. Die Texte von Qumran, besonders die Loblieder, bezeugen an vielen Stellen die gleiche theologische Anschauung.

Religionsgeschichtlich betrachtet, ist die Armenfrömmigkeit eine seltsame Erscheinung. Weder der Opfergedanke noch die Bitte steht im Mittelpunkt, sondern die Anerkennung des eigenen Unvermögens und die uneingeschränkte Bezogenheit auf Gott, auf den der Glaubende seine Hoffnung setzt. Sein Blick richtet sich auf die eigene Verfassung, aber er bleibt nicht bei ihr stehen, sondern durch die eigene Not hindurch wendet er sich an den rettenden Gott.

Wie ist diese unverwechselbare und eigenartige Frömmigkeit entstanden? Bei aller Unsicherheit in der Beantwortung dieser Frage weist die Zeit nach dem Exil auf eine Erfahrung hin, die sicherlich eine tiefe Wirkung auf Selbstverständnis und Glauben des Volkes ausübte und als maßgebend für die Entstehung der Armenfrömmigkeit anzusehen ist. Der Verlust der politischen Autonomie Israels, die Verschleppung eines guten Teils seiner Bevölkerung in ein fremdes Land – weit entfernt von Jerusalem und vom Land der Verheißung – verursachten sicherlich eine massive Krise der Hoffnung. War Gott noch bereit, dem auserwählten, aber untreu gewordenen Volk beizustehen, oder hat er es auf ewig verstoßen? Wie kann Heil in der Geschichte konkret Gestalt annehmen, nachdem die Geschichte sich als Ort des Verhängnisses offenbart hat? Die Antwort auf diese und andere ebenso bedrückende Fragen musste von der Erkenntnis ausgehen, dass für den Einzelnen und für das Volk keine Möglichkeit bestand, durch die eigenen Kräfte aus dieser heilsgeschichtlichen Sackgasse herauszufinden. In dieser entscheidenden Stunde entfaltet der Glaube seine rettende Kraft, indem die Erinnerung an die Taten Gottes – angefangen mit der Befreiung aus Ägypten – verhindert, dass diese Erkenntnis in Hoffnungslosigkeit und Niedergeschlagenheit mündet. Umgekehrt: Gerade jetzt, wo die Unfähigkeit, durch die eigene Religiosität vor Gott zu bestehen, überdeutlich geworden ist, wird der Glaubende von der fatalen Einbildung befreit, sich durch eigene Initiative retten zu können. Vor Gott ist er radikal arm, und diese Armut ist seine Wahrheit. Demut hat keinen Wert, wenn sie nur eine äußere Haltung ist und nicht aus dem Kern der Wahrheit der Armut hervorgeht.

3.2.2 Jesus und die Seligpreisung der Armen

Vielleicht werden manche Leserinnen und Leser die Behauptung, die Bergpredigt sei eine Schöpfung des Evangelisten, als unangemessen oder gar anstößig empfinden. Eine aufmerksame und nüchterne Lektüre des Textes dürfte jedoch solche Bedenken beseitigen. Viele Aussagen, die wir in der Bergpredigt des Matthäus finden (Mt 5,1 – 7,29), kommen auch in Lk 6,20–49 vor, aber im Rahmen einer „Feldrede", denn Jesus spricht diese Worte, nachdem er und seine Jünger von einem Berg herabgestiegen sind (Lk 6,17). Das bedeutet, dass beide Evangelisten von einer gemeinsamen Sammlung von Sprüchen abhängen, die sie aufnehmen und gestalten. So erklären sich die thematischen Übereinstimmungen und die Unterschiede in der Formulierung und in der geographischen Rahmung der Rede. Nach wie vor umstritten ist die Rückführung der Sprüche auf Jesus. Dabei geht es nicht mehr um die Rekonstruktion der „ipsissima verba", der ureigensten Worte Jesu, sondern um die Bestimmung seiner „ipsissima intentio", also seiner ureigensten Absicht bei den entsprechenden Formulierungen.

Ein Vergleich zwischen der matthäischen und der lukanischen Fassung zeigt, dass die Worte Jesu nicht immer in der gleichen Ordnung überliefert wurden, aber die Seligpreisung der Armen eröffnet die jeweilige Rede. An den Anfang der Bergpredigt gesetzt, strahlt die Seligpreisung ein noch helleres Licht aus als in der Feldrede des Lukas. Hier ragt sie heraus als die Grundhaltung aller Gläubigen, die dazu berufen sind, „Salz der Erde" und „Licht der Welt" (Mt 5,13–14) zu sein. Sie sind die Adressaten des Evangeliums des Himmelreichs, die Zeugen der Heilsordnung, die Jesus mit göttlicher Vollmacht verkündet. Nur eines wird von ihnen gefordert: dass sie sich zu ihrer Armut vor Gott bekennen, um sich von ihm beschenken zu lassen.

Aus dem Vergleich zwischen den beiden Fassungen der Seligpreisung an die Armen hat sich ergeben, dass die Fassung des Lukas schärfer und für die Deutung schwieriger ist als die des Matthäus. Ist das *Selig die Armen im Geiste* in Mt 5,3 eine Spiritualisierung des *Selig, ihr Armen* in Lk 6,20? Wie hat sich Jesus ausgedrückt? – Zweifellos sind die Worte in Lk 6,20 provozierender als jene in Mt 5,3 und werfen Fragen auf, die Jesus selbst betreffen. War er womöglich weltfremd, um nicht zu bemerken, dass Armut als Not und Bedürftigkeit mit keinem religiösen Wert verbunden ist? Ist es ihm entgangen, dass viele Arme in der Frage nach Reichtum und Besitz sich von den Reichen nur darin unterscheiden, dass sie nichts oder sehr wenig besitzen, aber sonst von der gleichen Gier nach Besitz getrieben sind?

Ein realistischer Blick auf die Gestalt Jesu entdeckt besondere Züge, die ihn von anderen Zeitgenossen unterscheiden, aber nichts davon lässt auf eine naive, weltentrückte Persönlichkeit schließen. Er selbst gehörte nicht zu den Armen, sondern zu einem bescheidenen „Mittelstand", denn als Handwerker hatte er Arbeit und damit auch relative Sicherheit in einer Gesellschaft, in der die Tagelöhner um das tägliche Brot kämpfen mussten. Als er später seine Heimatstadt verließ und als Wanderprediger das Kommen der Gottesherrschaft verkündete, gab er diese Sicherheit auf und teilte mit den Armen die Ungewissheit des Alltags.

Die Worte Lk 6,20 dürften am besten die Diktion Jesu aufbewahrt haben. Sie vermitteln den Ton prophetischer Herausforderung, der in der Verkündigung Jesu so oft vernehmbar ist. Sie lassen die Frage offen, ob die Armen, weil sie nichts besitzen, ihre materielle Bedürftigkeit so verstehen können, dass sie auch vor Gott ebenso armselig erscheinen – ohne deswegen auf den Wunsch zu verzichten, ihre prekären Lebensbedingungen zu verbessern bzw. aus dem Elend herauszukommen.

Die Worte Mt 5,3 sind demgegenüber jedoch nicht eine schlichte Spiritualisierung, sondern eher eine Präzisierung. Der Ausdruck *im Geiste* im Hinblick auf die Armen – auch in den Texten von Qumran belegt – verdeutlicht den religiösen Charakter der Armut. Von den historischen Voraussetzungen bei der Entstehung der Armenfrömmigkeit her betrachtet, ist es klar, dass diese Art von Armut nie ganz losgelöst von der sozialen Wirklichkeit sein darf, ohne sich selbst in Frage zu stellen. Reiche Menschen können echte „Arme im Geiste" sein, aber nicht, wenn sie vom Ziel getrieben werden, immer reicher zu werden. Verzicht auf Überflüssiges, die Bereitschaft, den Bedürftigen konkret zu helfen, der Einsatz für soziale Gerechtigkeit – all das ist in diesem Fall Bedingung dafür, dass einer den Armen im Sinn Jesu zugerechnet wird.

3.3 Die Seligpreisung der Armen und wir

Die Seligpreisung der Armen richtet sich nicht allein an Angehörige einer religiösen Gemeinschaft, die die Armut feierlich geloben. Selbstverständlich gilt das Wort auch ihnen, aber im Sinn des Evangeliums ist es an alle Gläubigen adressiert, unabhängig von ihrem Stand in der Gesellschaft. Die Tatsache, dass die Armen seliggepriesen werden, impliziert die Aufforderung, zu ihnen zu gehören, um auch unter dem Wohlwollen Gottes zu stehen. Wie aber soll das in einer Wohlstandsgesellschaft geschehen, die von der Armut als Mangel nichts hält? Zwei Überlegungen möchten zum Weiterdenken anregen.

(1) Armut verlangt die greifbare und unmissverständliche Solidarität gegenüber den vielen Menschen, die am Rand der Gesellschaft in extremer Bedürftigkeit leben müssen. Wir kennen sie aus den erschreckenden Bildern, die uns jeden Tag die Medien vermitteln. Vor dem Ausmaß des Elends spüren wir zwar unsere Hilflosigkeit, aber diese Tatsache entlässt uns nicht aus unserer Verantwortung, dort zu helfen, wo es möglich ist. Auf jeden Fall soll die Erinnerung an die Not dieser Mitmenschen verhindern, dass wir in Gleichgültigkeit verfallen und ihre traurige Wirklichkeit vergessen oder verdrängen. Im Sinn der Armenfrömmigkeit bleibt Gott ihnen treu, und das gilt auch heute in unserer „verkehrten" Welt.

(2) Die Armut vor Gott schenkt die große Freiheit, da sie von der versklavenden Abhängigkeit von materiellen Gütern befreit. Bekanntlich braucht man nicht über einen großen Besitz zu verfügen, um so an den Dingen zu hängen, als stellten sie einen höchsten Wert dar. Die Besitzenden werden leicht zu Besessenen. *Wo dein Schatz ist, da ist auch dein Herz* (Mt 6,21). Loslassen können, die geschenk-

te Freiheit wahrnehmen und genießen, das sind die kost-
baren Gaben der Armut.

4 Die extremen Forderungen der Bergpredigt

Aus Gesprächen, Fragen oder aus der eigenen Beschäftigung mit dem Evangelium wissen wir um die Ratlosigkeit, wenn es darum geht, den Sinn der extremen Forderungen der Bergpredigt zu verstehen. Alle, die die Bergpredigt lesen, machen wahrscheinlich die gleiche Erfahrung. Wird einer dem Feuer der Hölle verfallen sein, wenn er zu seinem Bruder *Du Narr!* sagt (Mt 5,22)? Genügt ein begehrlicher Blick auf eine Frau, um schon mit ihr Ehebruch zu begehen (Mt 5,28)? Muss einer immer die linke Wange hinhalten, nachdem er schon auf die rechte Wange geschlagen worden ist (Mt 5,39)? Es geht dabei nicht nur um die Frage, ob diese Forderungen erfüllbar sind, sondern noch grundsätzlicher darum, ob sie sinnvoll sind.

4.1 Die Adressaten der Bergpredigt

Die Schwierigkeiten in der Auslegung der Bergpredigt sind längst bekannt. Im katholischen Bereich war es üblich, das Problem durch eine Unterscheidung zu lösen: Die Bergpredigt mit ihren extremen Forderungen sei an die Ordensleute gerichtet, d. h. an die Christen, die nach „Vollkommenheit" streben, während für die übrigen Christen die Zehn Gebote maßgebend seien. Die Unterteilung der Christen in zwei Stände ist jedoch eine Erfindung, die sich weder durch die Schrift noch durch die christliche Überlieferung begründen lässt. Darüber hinaus ist es fraglich, ob auch Menschen, die den sogenannten „Stand der Vollkommenheit" vertreten, überhaupt fähig sind, die Spitzenforderungen der Bergpredigt zu erfüllen.

Die Frage nach den Adressaten der Bergpredigt will nicht bestimmen, wer die Hörer der Worte Jesu auf einem Berg in Galiläa waren. Wie bei der Behandlung der Seligpreisung der Armen im vorigen Kapitel festgestellt, ist die Bergpredigt, wie wir sie im MtEv finden, eine literarische Schöpfung des Evangelisten, der den in einer Spruchsammlung überlieferten Worten Jesu einen historischen und geographischen Rahmen verleiht. Unter dieser Voraussetzung richtet sich die Frage auf die Absicht des Verfassers, wenn er die Rede so konstruiert. Wen lässt er als Hörer Jesu auftreten? Nach Mt 5,1 spricht Jesus an seine Jünger und an die „vielen Menschen", die sich auf dem Berg versammelt haben. Sie vertreten zunächst einmal die Mitglieder der matthäischen Gemeinde, in der das Evangelium entstanden ist. Sie sind die ersten Hörer der Botschaft, die sie später an alle Völker weitergeben sollen (Mt 28,20). Jeder Mensch, unabhängig von seiner religiösen Einstellung und seinem Glauben, kann die Bergpredigt hören, aber die eigentlichen Adressaten sind nicht alle Menschen in der Welt, sondern die Gläubigen, die sich für den Weg in der Nachfolge Jesu entschieden haben. Die Bestimmung dieser Adressaten hat mit dem Inhalt der Bergpredigt zu tun und wird besonders deutlich bei den genannten Forderungen.

4.2 Die Botschaft von der Gottesherrschaft

Jesu Verkündigung von der Nähe des Gottesreiches ist nicht als überzeitliche theologische Aussage gemeint, sondern enthält eine zeitliche Komponente (ausführlich dazu u. Kap. 9). Von der „Naherwartung" Jesu zu sprechen, ist nicht unangebracht, wenngleich die Gültigkeit der Botschaft nicht von dieser zeitlichen Bedingtheit abhing. Auf jeden Fall geriet die älteste Christenheit nicht in eine Glaubenskrise, als das Ende der Welt nicht eintrat und alles weiterging wie zuvor.

Der Ausdruck „Königsherrschaft" im Hinblick auf Gott ist eine Metapher, die die Ausübung der Macht eines Königs auf Gott überträgt. Auch das Wort „Königreich" bzw. „Gottesreich" ist geläufig. Beide Begriffe sind jedoch nicht synonym. Die „Herrschaft" bezieht sich auf den Akt der Machtausübung; „Reich" weist zunächst auf den geographischen Bereich hin, in dem diese Macht ausgeübt wird. Die Macht Gottes beschränkt sich nicht auf einen weltlichen Raum; daher ist der Begriff „Herrschaft" geeigneter als „Reich", aber auch in diesem Fall stellt sich die Frage nach der Art von Gottes Machtausübung in einer Welt, in der zahlreichen Kräfte sehr konkret ihre Macht entfalten – mit Ausnahme Gottes.

Die Vorstellung, dass Gott mit Macht in unserer Welt wirkt, ist sehr archaisch. Naturphänomene wie Gewitter und Erdbeben wurden auf die Macht Gottes zurückgeführt und lieferten das Material für unzählige Theophanien. Menschen, die sich in religiösen oder politischen Bereichen als besonders begabt oder begnadet zeigten, gewannen oft ihre endgültige Legitimation durch die Annahme einer besonderen Beziehung zu Gott. In welchem Sinn hat Jesus über die Herrschaft Gottes und seine Macht gesprochen?

Zur Zeit Jesu, im Zeitalter der Apokalyptik, angesichts der Erwartung des Weltendes, konnte die Sprache Jesu nicht völlig von den Vorstellungen unberührt bleiben, die das damalige Weltbild in jüdischen Kreisen prägten. Aber diese Vorstellungen waren nicht wesentlicher Bestandteil der Enthüllung einer unmittelbar bevorstehenden Katastrophe, sondern zeitbedingtes Element der Offenbarung einer theologischen Botschaft. Die Gottesherrschaft zeigt sich in Gottes Beschluss, den Menschen zu retten, allerdings unter der Bedingung, dass dieser sich retten lässt, indem er sich der rettenden Macht Gottes öffnet. Fiktive Geschichten wie jene über den Pharisäer und den Zöllner im Tempel (Lk 18,9–14), den barmherzigen Vater (Lk 15,11–32), den Arbeiter im Weinberg (Mt 20,1–16) bringen neben anderen Themen die Gottesherrschaft zur Sprache. Die Hinwendung Jesu an die Sünder (vgl. Lk 7,36–50; 19,1–10) und die Tischgemeinschaft mit ihnen (Mk 2,16-17; Lk 15,1–2) sind konkrete Zeichen für die Wirkung der rettenden Macht, in der die Herrschaft Gottes erfahrbar wird.

Die Offenbarung der Gottesherrschaft in der Welt ist zunächst Sache Gottes, aber sie schließt notwendigerweise die menschliche Antwort ein. Heil in der Geschichte hat mit der ganzen Befindlichkeit des Menschen zu tun. Gott nimmt ihn ernst, respektiert seine Freiheit und tritt in Dialog mit ihm, ohne ihn wie ein Spielzeug in seinen Händen zu behandeln.

Wie vollzieht sich die Lebensgestaltung unter dem Anspruch der Gottesherrschaft? Wie sieht die Antwort des Gläubigen auf die Macht Gottes aus, die sich nicht in kosmischen Phänomenen und äußerlichen Zeichen offenbart, sondern in der Gewissheit des heilbringenden Gotteshandelns über alle religiösen und kulturellen Grenzen hinaus? Die Antwort auf diese Fragen muss auch die Tatsache berücksichtigen, dass die Verkündigung der Gottesherrschaft dem Einzelnen nicht für sich allein gilt, sondern als Mitglied einer Gemeinde. Aus dieser Perspektive hat die Botschaft von der Gottesherrschaft große gesellschaftliche Relevanz, ohne dass sie als politisches Programm verstanden werden soll.

4.3 Die Gottesherrschaft und die Forderungen der Bergpredigt

Die eingangs erwähnten Forderungen der Bergpredigt sind auf verschiedene Lebensbereiche bezogen, in denen sich die rettende Macht Gottes offenbaren soll. Mt 5,21–47 enthält sechs Antithesen, die durch den Verweis auf eine Stelle der Schrift, der ein Wort Jesu gegenübergestellt wird, gebildet sind. Das *Ihr habt gehört, dass zu den Alten gesagt worden ist ...* wird einem *Ich aber sage euch ...* gegenübergestellt. Auf der einen Seite steht die in der Schrift begründete Überlieferung über eine bestimmte Verhaltensweise, auf der anderen erfolgt das Wort Jesu, das die Schrift anders auslegt, als es in der Tradition üblich war. In diesem Wort Jesu steckt das Neue, Überraschende und Herausfordernde, was uns heute Schwierigkeiten bereitet. Die Antithesen in Mt 5 gehen auf das Konto des Evangelisten, der pointiert Jesu Haltung gegenüber dem Gesetz herausstellen und zugleich das Proprium seiner Botschaft betonen will. Inhaltlich aber dürften die Antithesen der Absicht Jesu prinzipiell entsprechen. Drei davon sollen nun näher betrachtet werden.

4.3.1 Zusammenleben in Frieden (Mt 5,21–22)

> [21] *Ihr habt gehört, dass zu den Alten gesagt worden ist: Du sollst nicht töten; wer aber jemanden tötet, soll dem Gericht verfallen sein.* [22] *Ich aber sage euch: Jeder, der seinem Bruder auch nur zürnt, soll dem Gericht verfallen sein; und wer zu seinem Bruder sagt: Du Dummkopf!, soll dem Spruch des Hohen Rates verfallen sein; wer aber zu ihm sagt: Du Narr!, soll dem Feuer der Hölle verfallen sein.*

Das Gebot *Du sollst nicht töten* (Ex 20,13) erlässt eine grundsätzliche Regel, um das Zusammenleben in einer Gesellschaft zu ermöglichen. Der Respekt vor dem Leben des anderen ist eine Garantie dafür, dass auch das eigene Leben respektiert wird. Die Antithese Jesu stellt die Gültigkeit des Gebots nicht in Frage, aber sie verschärft seine Bedeutung, und zwar in einem Grad, dass der Sinn der Forderung nicht mehr einsichtig ist. Dass das Töten durch einen Gerichtsentscheid bestraft wird, versteht jeder, aber dass eine zornige Reaktion gegen den Bruder ähnlich bestraft wird, scheint ungerecht zu sein. Das Gleiche gilt für den Fall, dass einer seinen Bruder beschimpft und ihn als *Dummkopf* oder als *Narr* bezeichnet. Soll er dann durch den jüdischen Hohen Rat verurteilt werden oder gar dem Feuer der Hölle verfallen sein (Mt 5,22)? – In diesen Fällen geht es um Konflikte innerhalb der christlichen Gemeinde. Der „Bruder" ist hier also nicht der leibliche Verwandte, sondern der Mitchrist.

Dass der Inhalt des *Ich aber sage euch* eine Übertreibung ist, liegt auf der Hand. Der Stil entspricht der prophetischen Verkündigung, die sowohl die Verurteilung als auch die Heilszusage in extremer Zuspitzung formuliert, wie es z. B. das Wort Jes 1,21 an die Adresse Jerusalems tut:

Ach, wie ist zur Hure geworden die treue Stadt. Die voll des Rechts war, in der Gerechtigkeit die Nacht verbrachte – und jetzt Mörder!

An die gleiche Adresse heißt es in Jes 65,19b–20:

[19b] *Nicht mehr hört man dort lautes Weinen und Klagegeschrei.* [20] *Es wird dort keinen Säugling mehr geben, der nur wenige Tage lebt, und keinen Greis, der seine Tage*

nicht erfüllt; wer als Hundertjähriger stirbt, gilt als junger Mann, und wer die hundert Jahre verfehlt, gilt als verflucht.

Doch auch mit dieser Erklärung bleibt die Frage nach dem Sinn der Worte Jesu und nach ihrem Zusammenhang mit der Verkündigung der Nähe der Gottesherrschaft.

Mit dem Begriff der „friedlichen Koexistenz" bezeichnen wir die häufig vorkommende Lage in zwischenmenschlichen Beziehungen – vom privaten Umfeld bis hin zur internationalen Ebene –, in der kein Krieg herrscht, aber auch keine engen Beziehungen gepflegt werden. Dass diese Koexistenz „friedlich" genannt wird, lässt indirekt erkennen, dass es auch anders sein kann und dass dieser Zustand etwas anderes bezeichnet als die normale Koexistenz von Menschen, die sich nicht kennen. Würde sich eine Gruppe mit „friedlicher" Koexistenz zufriedengeben – niemand wird getötet –, könnten die Mitglieder von sich behaupten, sie würden das Gebot in Ex 20,13 erfüllen, aber das wäre entschieden zu wenig im Hinblick auf die größeren Möglichkeiten menschlichen Zusammenlebens. Das „übertriebene" Wort Jesu erinnert uns daran, dass die Gefährdung der zwischenmenschlichen Beziehungen nicht erst ansetzt, wenn es zu einem Streit mit tödlichen Folgen kommt, sondern viel früher – nämlich dann, wenn Konflikte in zornige Diskussionen oder Beschimpfungen ausarten, überhaupt wenn das harmonische Miteinander fehlt.

Jesus wendet sich mit seinem Wort an Menschen, die seiner Verkündigung Glauben geschenkt haben. Der Evangelist gibt dieses Wort weiter an die Mitglieder seiner Gemeinde. Sie betrachten sich als Brüder und Schwestern, weil sie *einen* Vater haben, den im Himmel. Sie wissen auch um die eigene Armut vor Gott (Mt 5,3), um alles von ihm zu erwarten – auch die Kreativität, um Konflikte zu lösen.

Hilfreich in der Auslegung von Mt 5,21–22 ist die Berücksichtigung der Haltung Jesu. In bestimmten Situationen verbarg er seinen Zorn nicht (Mk 3,5), ebenso wenig vermied er harte Worte an seine Gegner, die von ihm *Heuchler* (Mt 23,13) oder *blinde Narren* (23,17) genannt werden konnten. Das bedeutet, dass der Inhalt seiner Anweisung hier nicht wörtlich zu nehmen ist. Es geht grundsätzlich um die Bereitschaft zur Versöhnung, wenn das Klima in der Gemeinde von Konflikten und Streitigkeiten vergiftet ist. Die Bemühungen um Versöhnung haben sogar Vorrang vor kultischen Pflichten (5,23–24). Wie nun dieses Ziel erreicht werden soll, ist Sache der Gläubigen in ihrer konkreten Situation. Jesus will kein neues Gesetz verkündigen, sondern ein anderes Handlungsprinzip.

4.3.2 Gelebte Treue (5,27–28)

> [27] *Ihr habt gehört, dass gesagt worden ist: Du sollst nicht die Ehe brechen.* [28] *Ich aber sage euch: Jeder, der eine Frau ansieht, um sie zu begehren, hat in seinem Herzen schon Ehebruch mit ihr begangen.*

„Du sollst nicht die Ehe brechen" (Ex 20,24) ist eine weitere Bestimmung der Tora, die durch das Wort Jesu weit übertroffen wird. Der Ausdruck „Ehebruch" meint die Tat, die den Bund der Ehe „bricht", und zwar im wörtlichen Sinn: Für die verheiratete Frau war damit jede außereheliche sexuelle Beziehung gemeint; für den Mann galt als Ehebruch die außereheliche sexuelle Beziehung, jedoch nur zu einer verheirateten oder verlobten Frau. In allen Fällen war die vollzogene Tat entscheidend.

Das Wort Jesu betrifft den Mann. Nach der jüdischen Tradition durfte er anders als seine Frau sexuelle Freizügigkeit genießen, solange er sie nicht mit einer verheirateten oder verlobten Frau betrog. Im Sinne Jesu aber begeht der Mann Ehebruch in seinem Herzen, wenn er eine andere Frau nur schon lüstern anschaut (Mt 5,28).

Jesu Antithese ist bemerkenswert: (1) Der Ehebruch wird nicht nach der Tat definiert, sondern nach der inneren Absicht. Nicht ein äußerer Umstand entscheidet über die eheliche Treue, sondern das eigene Herz. (2) Die Rechte des Mannes werden eingeschränkt. Über die Frau wird nichts gesagt.

Worin besteht der Ehebruch, wenn die begehrte Frau den Blick des Mannes nicht bemerkt oder abweisend reagiert? Die Worte Jesu scheinen zwar das Gebot Ex 20,24 zu verschärfen, aber ihr Sinn geht weit darüber hinaus. Jesus hat das Wesen ehelicher Treue im Visier, die sich nicht auf Tatverhalten beschränken lässt. Denn Treue hat unmittelbar mit einer zwischenmenschlichen Bindung zu tun, die die ganze Person beansprucht, auch ihr Innerstes.

Aus dieser Perspektive gesehen stellt sich die Frage, ob die Aussage Jesu nicht eine Forderung impliziert, die kaum erfüllbar ist. Schon der begehrliche Blick kennt viele Abstufungen, die zu einer Differenzierung zwingen. Wie aber bereits zur vorigen Antithese über das Zusammenleben in Frieden bemerkt, denkt und spricht Jesus in der Sprache seiner Zeit und Kultur, und dazu gehört die provozierende Übertreibung, die den Hörer aufschreckt und zum Nachdenken zwingt.

Durch eine Abgrenzung kommt man der Absicht von Jesu Aussage näher. Ein Mann, der völlig regungslos auf die Anziehungskraft einer Frau reagiert, dürfte dem asketischen Ideal eines stoischen oder epikureischen Weisen entsprechen und gut als Vorbild eines ägyptischen Mönchs dienen, aber nicht zum realistischen Denken Jesu passen.

In den hier verhandelten thematischen Zusammenhang gehört das bekannte Wort über die Ehescheidung in Mt 5,31–32:

> [31] *Ferner ist gesagt worden: Wer seine Frau aus der Ehe entlässt, muss ihr eine Scheidungsurkunde geben.* [32] *Ich aber sage euch: Wer seine Frau entlässt, obwohl kein Fall von Unzucht vorliegt, liefert sie dem Ehebruch aus; und wer eine Frau heiratet, die aus der Ehe entlassen worden ist, begeht Ehebruch.*

Der Evangelist erlaubt die Ehescheidung nur in dem Fall, dass die Frau durch Unzucht – hier wohl Ehebruch – untreu geworden ist. Das Problem wird erneut nur aus der Sicht des Mannes betrachtet. Damit übernimmt er eine Haltung, die in konservativen jüdischen Kreisen vertreten wurde: Nicht jeder beliebige Grund rechtfertigt die Entlassung der Frau aus der Ehe; nur Ehebruch.

Betrachtet man die Parallelen zur Stelle in Mk 10,11 und Lk 16,18, ergibt sich, dass die Haltung Jesu in dieser Frage dort radikaler gezeichnet wird, weil mögliche Ausnahmen nicht erwähnt werden. Nach dem Willen Gottes werden Mann und Frau in der Ehe eine Einheit bilden, und was Gott verbunden hat, soll der Mensch nicht trennen (Mk 10,7–9).

Im Unterschied dazu bietet der Evangelist Matthäus hier nicht das schwer verständliche Wort Jesu – er tut es in einem anderen Zusammenhang (vgl. Mt 19,6–9) –, sondern die Fassung, die er in seiner Gemeinde anwenden konnte. Es geht also nicht um das Grundprinzip, dass der Mensch das, was Gott verbunden hat, nicht trennen soll, sondern um eine mögliche Interpretation für den Alltag, die auf das Ideal der Beständigkeit der Ehe nicht verzichtet, aber auf eine konkrete Situation im Leben antworten will. Im jüdischen Verständnis – auch für die Judenchristen – war das Zusammenleben mit einer untreuen Frau eine schwere Sünde. Diese Ansicht spiegelt sich in der Formulierung Mt 5,32 wider. In diesem Fall war die Ehescheidung erlaubt.

4.3.3 Verzicht auf gewaltsame Wiedervergeltung (Mt 5,38–41)

> [38] *Ihr habt gehört, dass gesagt worden ist: Auge für Auge und Zahn für Zahn.* [39] *Ich aber sage euch: Leistet dem, der euch etwas Böses antut, keinen Widerstand, sondern wenn dich einer auf die rechte Wange schlägt, dann halt ihm auch die andere hin!* [40] *Und wenn dich einer vor Gericht bringen will, um dir das Hemd wegzunehmen, dann lass ihm auch den Mantel!* [41] *Und wenn dich einer zwingen will, eine Meile mit ihm zu gehen, dann geh zwei mit ihm!*

Auge für Auge und Zahn für Zahn (Ex 21,24) war ursprünglich keine Aufforderung zu unbedingter Wiedervergeltung für die erlittene Ungerechtigkeit, sondern zur Mäßigung. Für den entstandenen Schaden darf man dem Gegner den gleichen Schaden zufügen, aber nicht mehr. Jesus verlangt von den Gläubigen, dass sie dem, der ihnen etwas Böses antut, keinen Widerstand leisten (Mt 5,39). Was damit gemeint ist, verdeutlicht er in kurzen Szenen, die recht bekannt sein dürften.

Einer, der auf die rechte Wange geschlagen wurde – sehr wahrscheinlich mit der Rückhand des Gegners –, soll nun die linke Wange hinhalten. Ein anderer, der seine Schulden nicht bezahlen kann und darum sein Hemd hergeben muss, soll freiwillig auch seinen Mantel überlassen. Ein Dritter, der – von einem römischen Soldaten – gezwungen wird, dessen Gepäck eine Meile zu tragen, soll unaufgefordert zwei Meilen mit ihm gehen. Schließlich soll man den Bittenden ihren Wunsch erfüllen.

Die unterschiedlichen Bilder zeigen beispielhaft, was es bedeutet, einen zugefügten Schaden nicht mit gleicher Münze heimzuzahlen, aber sie taugen nicht als Vorbild, das nachgeahmt werden soll. Warum lässt sich einer schlagen, ohne Gegenwehr zu leisten? Verzichtet er sinnvollerweise auf Gewaltanwendung oder ist er zu feige oder zu schwach, um sich zu verteidigen? Wer sein Hemd hergibt und dazu noch seinen Mantel herschenkt, steht nackt da. Kann das einen Sinn haben? Wer einem römischen Soldaten als Gepäckträger freiwillig dient, macht sich zum Kollaborateur der Besatzungsmacht. Wer jedem Bittenden seine Wünsche erfüllt, lässt sich ausbeuten. – Solche Haltungen verstoßen gegen jede praktische Vernunft und rufen nicht nur ernst zu nehmende Fragen hervor, sondern provozieren Ablehnung.

Noch einmal stellt sich die Frage nach der Absicht Jesu, als er diese Worte aussprach. Die zitierten Beispiele wollen zum Verzicht auf Wiedervergeltung bewegen – anders als in Ex 21,24 –, und das ist kein Zeichen von Schwäche. Die angebliche Gerechtigkeit in angemessener Vergeltung führt zu einem Teufelskreis der Gewaltanwendung, der aus sich heraus kein Ende kennt, weil jeder Beteiligte sich berechtigt fühlt, entsprechend zu antworten, und das heißt, seinerseits Gewalt anzuwenden. Die geschilderten Szenen geben keine Handlungsanweisungen an die Gläubigen. Sie fordern sie vielmehr dazu auf, kreativ auf Situationen zu reagieren, in denen die Möglichkeit besteht, nicht in Nachahmung der Gewalt zu verharren. Der Christ soll hier versuchen, den Teufelskreis der Gewalt auf dem Weg der Versöhnung und des Friedens zu durchbrechen. Ob es möglich ist, jede Art von Gewaltanwendung zu vermeiden, muss er in der jeweiligen Situation entscheiden, ohne die Gültigkeit der Botschaft Jesu zu annullieren.

4.4 Schlussfolgerungen

Die Forderungen der Bergpredigt richten sich nicht an alle Menschen in der Welt, sondern an die Gläubigen, die in der Nachfolge Jesu an seine Verkündigung der Gottesherrschaft glauben. Sie gehören nicht in ein politisches Programm, aber durch das Verhalten der Christen beeinflussen sie das Leben der Gesellschaft. Ein Teil der Verantwortung dieser Christen besteht darin, ihre Verhaltensweise den anderen Menschen als nachahmenswert vorzuleben.

Im Zusammenleben der Gemeindemitglieder, in ehelicher Treue, bei Konflikten jeder Art, bei denen ein Mechanismus der Wiedervergeltung schon am Werk ist oder entstehen kann, in all diesen Bereichen kann der Gläubige zeigen, wie die Macht Gottes in ihm und durch ihn wirkt, indem sie auf Dimensionen des Handelns hinweist, die Sinnhaftigkeit und Realismus in sich vereinigen. Die Gottesherrschaft wird somit zum Handlungsprinzip der Gläubigen.

5 Die Frömmigkeitsfalle

Je nachdem, wofür sie gedacht ist, sieht eine Falle anders aus. Um eine Maus oder ein wildes Tier darin zu fangen, muss sie ein Handwerker herstellen. Um einen Dieb oder einen gefährlichen Verbrecher hineinzulocken, braucht man einen raffinierten Plan. Von ihrer Beschaffenheit abgesehen, erfüllt eine Falle ihren Zweck, wenn sie ein notwendiges Überraschungselement enthält, das dazu führt, dass das Opfer hineintappt; dazu kann auch etwas Verlockendes gehören, das den Weg in die Falle hinein veranlasst oder begünstigt.

Die Perspektive ändert sich, wenn die Stimme desjenigen hörbar wird, der in die Falle geraten ist bzw. der „in der Falle sitzt". In der einfachen Variante wird der in die Falle gegangene Fuchs dort gefangen gehalten. Die Dinge im Leben sind indes komplexer: Ein Mensch kann Opfer einer Falle durch einen Betrug werden, aber auch durch eine falsche Entscheidung, die sich später als Falle entpuppt. Dass eine Entscheidung falsch war, wird oft erst dann entdeckt, wenn es schon zu spät ist. Wie in der „Kleinen Fabel" von Franz Kafka: Kaum hat die Maus bemerkt, dass sie unausweichlich auf eine Falle zuläuft, rät ihr die Katze, was sie jetzt noch tun kann: „Du musst nur die Laufrichtung ändern", sagt die Katze – und frisst sie. Bezogen auf das menschliche Leben lässt sich eine Falle als Sinnbild für Tragisches verstehen.

Die Erfahrung, in eine Falle gegangen zu sein, ist in der Regel negativ. Über den eigenen Irrtum oder die falsche Einschätzung der Lage, über die erlittene Täuschung oder über die eigene Naivität, kann man sich nur ärgern, aber ebenso über die

Folgen, die daraus entstanden sind: sozial, affektiv oder finanziell. Es kann aber auch geschehen, dass weder die Falle noch die Folgen wahrgenommen werden. Man sitzt in der Falle, aber die Situation zeitigt kein Gefühl des Unglücks oder der Benachteiligung. Es gibt keinen Anlass, sich darüber zu ärgern.

Das Thema dieses Kapitels gehört in diese Kategorie. Es geht um Menschen, die in eine Falle gegangen sind, die es jedoch nicht nur nicht merken, sondern sich darüber zufrieden und stolz zeigen, in dieser Lage zu leben.

5.1 Religiosität und menschliche Wahrheit vor Gott

Im Bild lässt sich Religiosität als eine Bewegung von unten nach oben charakterisieren. Aus dem vielleicht kaum reflektierten Bewusstsein der eigenen Geschöpflichkeit heraus wendet sich der Mensch an die unfassbare Macht, die er Gott nennt, oder an die Gestalten, die ihn in der Welt darstellen, um von ihm Schutz und Hilfe zu erflehen oder um ihn gnädig zu stimmen, wenn etwa die Furcht vor Bestrafung wächst. Gebet und Opfer sind Formen, die eine menschliche Haltung vor Gott ausdrücken.

Verständlicherweise ist die Bewegung von unten nach oben nicht einseitig. Von ihrer Intentionalität her soll sie von einer Bewegung von oben nach unten ergänzt werden, in der Gott auf das Gebet und auf das ihm dargebrachte Opfer antwortet. Die Entsprechung der beiden Bewegungen scheint gerecht zu sein. Der Mensch handelt nach der ihm zufallenden Rolle: Er erkennt die Größe Gottes an und bekennt seine eigene Bedürftigkeit. Jetzt müsste auch Gott seiner Rolle gerecht werden und so handeln, dass er die menschliche Erwartung nicht enttäuscht.

In Namen der Gerechtigkeit vermag der Mensch ein Recht auf die Antwort Gottes zu beanspruchen. So vollzieht sich Gerechtigkeit nach menschlichen Maßstäben und Vorstellungen.

Entscheidend bei diesem Vorgang ist ohne Zweifel das Gottesbild, das auf dem Spiel steht, denn von ihm hängt auch das entsprechende Menschenbild ab. Der Gott der biblischen Überlieferung stellt den „Mechanismus" menschlicher Religiosität in Frage, weil er sich auf das angeblich gerechte Verhältnis zwischen Opfer und Gebet seitens des Menschen mit einer „adäquaten" Antwort nicht einlässt. Besonders in der Botschaft der Propheten wird das deutlich. Nur ein Beispiel:

> [13] *Bringt mir nicht länger nutzlose Gaben, Räucheropfer, die mir ein Gräuel sind! ...* [14] *Eure Neumonde und Feste sind mir in der Seele verhasst ...* [15b] *Wenn ihr auch noch so viel betet, ich höre es nicht. Eure Hände sind voller Blut.*
> (Jes 1,13–15)

Gott lehnt die Opfergaben und das Gebet der Gläubigen ab, nicht weil sie den kultischen Vorschriften nicht entsprächen, sondern weil sie von falschem Verhalten im Alltag begleitet sind: *Schafft mir eure bösen Taten aus den Augen! Hört auf, Böses zu tun! Lernt, Gutes zu tun! Sucht das Recht!* (Jes 1,16–17) Nicht die Größe und der Wert der Opfergaben und auch nicht die Intensität der Gebete beeinflussen Gott. Nur die Taten der Gerechtigkeit und Barmherzigkeit machen die kultische Handlung Gott angenehm. Wenn die Beteiligten am Kult dies nicht beachten, liegen sie falsch. Ihre Liturgie hat keinen Wert vor Gott.

Zum Gottesbild der biblischen Überlieferung gehört unbedingt das „dialogale" Verhältnis zwischen Gott und Mensch, das durch die Initiative Gottes, den Menschen zu retten, bestimmt ist:

> [7] *An Schlacht- und Speiseopfern hattest du kein Gefallen,*
> *doch Ohren hast du mir gegeben ...* [8] *Da habe ich gesagt:*
> *Siehe, ich komme. In der Buchrolle steht es über mich ge-*
> *schrieben.* [9] *Deinen Willen zu tun, mein Gott, war mein*
> *Gefallen und deine Weisung ist in meinem Innern.*
> (Ps 40,7–9)

Die Wahrheit des Menschen vor Gott zeigt sich als persönliche Beziehung, die sich im Glaubensgehorsam konkretisiert. Gott offenbart seinen Willen, und der Mensch hat Ohren, um ihn zu vernehmen und in die Tat umzusetzen. Dabei weiß der Gläubige, dass der Gott seiner Hoffnung ein rettender Gott ist, der von sich aus zum Heil des Menschen wirkt:

> *Gott ist uns Zuflucht und Stärke, als mächtig erfahren, als*
> *Helfer in allen Nöten.* (Ps 46,2)
> *... denn deine Liebe reicht, so weit der Himmel ist, deine*
> *Treue, so weit die Wolken ziehen.* (Ps 57,11)
> *Du meine Zuflucht und meine Burg, mein Gott, auf den*
> *ich vertraue.* (Ps 91,2)

In diesen und in vielen anderen Aussagen kommt der Gläubige als Teilnehmer in einem Gespräch vor, bei dem er zuerst als Hörer des Wortes erscheint. Wenn er später selbst spricht, sind seine Worte nur Antwort auf die gehörte Botschaft. Ausschließlich in dieser Rolle findet er seine Wahrheit vor Gott.

5.2 Jesus und die „Pathologien" des religiösen Verhaltens

5.2.1 Die Kritik Jesu an Pharisäern und Schriftgelehrten

Die Evangelien überliefern mehrere Szenen mit Auseinandersetzungen zwischen Jesus und den Pharisäern und Schriftgelehrten. Es gibt eine Rede Jesu gegen sie, die in je leicht divergierenden Fassungen im Lukas- und MtEv bezeugt ist. Diese Rede enthält den Kern seiner Kritik an beiden Gruppen.

Lk 11,37–54 schildert eine ungewöhnliche Szene. Ein Pharisäer lädt Jesus zum Essen ein und wundert sich, dass Jesus sich vorher nicht die Hände wäscht. Die Rede Jesu ist seine Antwort auf die Kritik des Pharisäers an diesem Verhalten. Zunächst wirft Jesus den Pharisäern allgemein vor, sich um das Äußere zu kümmern, und nicht um das Innere. Sodann folgen drei Weherufe (Lk 11,42.43.44) – Worte der Verurteilung in der prophetischen Verkündigung –, die verwerfliche Haltungen der Pharisäer anprangern: Sie beobachten sorgfältig Kleinigkeiten, aber vernachlässigen das Wesentliche; sie suchen Ehre und Anerkennung; ihr Äußeres entspricht nicht ihrer inneren Wirklichkeit.

Während die Kritik gegenüber den Pharisäern deren Verhalten in den Blick nimmt, betreffen die drei Weherufe an die Adresse der Gesetzeslehrer (11,46.47.52) deren Macht des Wissens um das Gesetz: Sie laden den Menschen schwere Lasten auf, die sie selbst nicht tragen; sie verehren die Propheten, aber hören nicht auf deren Botschaft; sie missbrauchen ihre Schriftkenntnisse.

In der lukanischen Fassung der Weherufe bilden die Pharisäer und die Gesetzeslehrer historisch korrekt zwei unterschiedliche Gruppen: auf der einen Seite die Pharisäer, die frommen

Laien, die sich der Beobachtung des Gesetzes verpflichtet haben; auf der anderen Seite die Gesetzeslehrer, die das Gesetz studieren und die Regeln seiner Auslegung beherrschen. Erst nach der Tempelzerstörung 70 n. Chr. vereinigen sich beide Gruppen. Nach dieser Zeit waren Gesetzeslehrer in der Regel auch Pharisäer.

Die zitierte Rede war in einer Sammlung von Worten Jesu überliefert. Die lukanische Fassung dürfte dem Wortlaut dieser Sammlung näherstehen als die des MtEv, aber ob die ältere Form die Worte Jesu treu wiedergibt oder nicht, können wir heute nicht mehr mit letzter Sicherheit entscheiden. Den Kern der Kritik, die an die Worte der Propheten erinnert, darf man Jesus jedoch durchaus zutrauen.

In Fragen des religiösen Verhaltens kommt die schärfste Kritik nicht von Menschen, die das Religiöse prinzipiell ablehnen und es als Fernstehende kritisieren. Ernst zu nehmende Kritik kommt vielmehr von denen, die über „Insiderwissen" verfügen. Sie kennen sich aus, und deswegen vermögen sie Missstände aufzudecken, die Außenstehenden fremd sind. Die Kritik an der Kirche unserer Tage wird diese Beobachtung bestätigen.

Pharisäer und Gesetzeslehrer vertraten die jüdische Religiosität in einem besonderen Bereich. Sie hatten mit dem Vollzug des Kultes nicht direkt zu tun, wie etwa Priester und Leviten. Sie gehörten nicht den sadduzäischen Kreisen an, die für den Tempelbetrieb und für die Rechtsprechung im Hohen Rat zuständig waren. Gesetzeslehrer waren Männer des Volkes, die neben ihrem Beruf lehrten und dafür bekannt waren, über eine große Kenntnis des Gesetzes zu verfügen. Pharisäer waren Fromme, die sich nicht dem Studium des Gesetzes widmeten. Auch Jesus und sein Kreis dürften dieser Gruppe angehört haben: Sie wollten Gott in Treue dienen, und die Beobachtung des Gesetzes, das den Willen Gottes offenbarte, war das geeignete Mittel dazu.

In den stillen Tagen in Nazaret, vor seinem öffentlichen Auftreten, ergaben sich für Jesus vielfältige Möglichkeiten, das Verhalten der „Frommen" in seiner Umgebung zu beobachten. Für Jesus, der gewohnt war, in den Dingen des Alltags mehr zu sehen als die anderen – die Themen seiner Gleichnisse beweisen dies zur Genüge –, der ferner um die Wahrheit des Menschen vor Gott wusste, musste das religiöse Fehlverhalten im Allgemeinen, aber besonders bei jenen, die ostentativ ihre Frömmigkeit zur Schau stellten, ein großes Ärgernis sein.

> [2] *Wenn du Almosen gibst, posaune es nicht vor dir her, wie es die Heuchler in den Synagogen und auf den Gassen tun, um von den Leuten gelobt zu werden!* ... [5] *Wenn ihr betet, macht es nicht wie die Heuchler! Sie stellen sich beim Gebet gern in die Synagogen und an die Straßenecken, damit sie von den Leuten gesehen werden.* (Mt 6,2.5)

In der Neigung des religiösen Menschen, anderen das Zeugnis der eigenen Frömmigkeit sichtbar vor Augen zu führen, richten sich die einzelnen religiösen Handlungen – Fasten, Almosengeben, Gebet – eigentlich nicht an Gott, sondern an die eigene Person, die sich in den Vordergrund drängt. Die religiöse Geste wird ihres Sinnes beraubt, um sie in den Dienst frommer Eitelkeit zu stellen. Jesu Worte verurteilen aber nicht nur das religiöse Fehlverhalten, sondern sie thematisieren zugleich, wie der fromme Mensch Gott gegenüber richtig handelt.

Eine stark von Religion geprägte Gesellschaft neigt dazu, den Frommen die gebührende Anerkennung und Achtung zu zollen. Wenn Jesus von den Pharisäern behauptet, sie liebten den Ehrenplatz in den Synagogen und sie wollten auf den Straßen und Plätzen gegrüßt werden (Lk 11,43; Mt 23,6–7), geht er davon aus, dass ihnen solche Ehrerbietung bereitwillig entgegengebracht wird. Als kritischer Beobachter distanziert sich Jesus aber von den Akteuren in diesem Rollenspiel. Weder den Frommen, die Anerkennung suchen, noch denen, die sie ihnen zollen, geht es um die Sache Gottes.

Das schärfste Wort an die Pharisäer ist ohne Zweifel der Vergleich mit Gräbern, die man nicht mehr sieht, und die Leute merken es nicht, wenn sie darauf gehen (Lk 11,44). Es handelt sich um Erdgräber, die durch Gras halb verdeckt waren und so leicht von Leuten, ohne es zu bemerken, betreten werden konnten. Nach dem Gesetz (Num 19,16) verursachte dieser Kontakt Unreinheit. Demzufolge brachte auch der Kontakt mit den Pharisäern eine Verunreinigung, als wären sie selbst unrein. – Vielleicht dachte Jesus hierbei an die Gefahr für „gesunde" Menschen, durch den Kontakt mit den Pharisäern „angesteckt zu werden", d. h. ihre Haltung zu übernehmen und nachzuahmen. Die „Falle" der Frömmigkeit wird hier besonders deutlich. Der Schein trügt. Die gleichen, die als fromm gelten und Anerkennung suchen und finden, erahnen ihre eigene Gottesferne nicht.

Jesus war kein Rabbi, kein Gesetzeslehrer. Er brauchte jedoch keine Schule, um das Wesen, die Grenzen und die Gefahren des Gesetzes – auch und gerade als Ausdruck göttlichen Willens – zu kennen. Ihm geht es nicht nur um das Gesetz, sondern auch um die Menschen, die nach einem gründlichen Studium für seine verbindliche Auslegung zuständig sind: die Schriftgelehrten oder Gesetzeslehrer. Der normative Charakter des Gesetzes erstreckte sich auf alle Bereiche des Lebens. Deswegen verfügten die Schriftgelehrten über beachtliche Macht gegen-

über den übrigen Gläubigen. Die Kritik Jesu an den Schriftgelehrten enthüllt deren Machtmissbrauch, wenn sie den Sinn des
Gesetzes verfälschen; die verschärfte Auslegung des Gesetzes
gilt für andere, nicht für sie selbst; die Propheten werden verehrt, doch ihre Botschaft bleibt unbeachtet; durch die Kenntnis
des Gesetzes meinen sie, Gott erkennen zu können. Als Lehrer
des Volkes versperren sie aber den Weg zu Gott.

Mit unfehlbarem Instinkt deckt Jesus die „Pathologien"
auf, die den frommen Menschen bedrohen und ihn in die Falle
locken. Die Verkündigung der Gottesherrschaft als Offenbarung seiner rettenden Macht lässt alle Versuche des religiösen
Menschen, durch eigene Bemühungen das Heil zu erlangen,
nichtig erscheinen. Im Licht dieser Verkündigung werden die
Dinge einfacher und transparenter.

5.2.2 Die Interpretation des Evangelisten

Der Verfasser des MtEv verfährt kreativ mit der Überlieferung.
Es sind jetzt sieben Weherufe (Mt 23,13.15.16.23.25.27.29),
die sich gegen die Schriftgelehrten und Pharisäer – sie werden
auch Heuchler genannt – richten. Gegen Ende des 1. Jahrhun-
derts, als das MtEv entstanden ist, bildeten, wie wir gesehen haben, die beiden eine einzige Gruppe. Die Anrede spiegelt diese
Situation wider.

Mt 23,1–36 ist eine Rede, die mit einer besonderen War-
nung vor den Schriftgelehrten und Pharisäern ansetzt: *Tut und
befolgt alles, was sie euch sagen, aber richtet euch nicht nach
ihren Taten; denn sie reden nur, tun es aber nicht* (23,3). Von
einem ehemaligen Schriftgelehrten, wie der Evangelist einer
war, ausgesprochen, gewinnt das Wort eine besondere Brisanz.

Gleich darauf wendet er sich an die Christen seiner Gemeinde mit Anweisungen. Anders als die Schriftgelehrten, die sich gerne mit Rabbi anreden lassen, sollen sie das nicht tun: *Denn nur einer ist euer Meister, ihr alle aber seid Brüder* (23,8). Das Gleiche gilt für die Anrede mit „Vater": *denn nur einer ist euer Vater, der im Himmel* (23,9). Die Bezeichnung „Lehrer" soll ebenso vermieden werden: *Denn nur einer ist euer Lehrer, Christus* (23,10).

In diesem Abschnitt unmittelbar vor den Weherufen an die Schriftgelehrten und Pharisäer kommt das Anliegen des Evangelisten deutlich zum Ausdruck. Die Kritik an den Vertretern der jüdischen Frömmigkeit soll nicht einseitig verstanden werden, als wären sie die einzigen, die in die Falle eines falschen religiösen Verhaltens getappt sind. Genauso gefährdet sind die Christen in der Gemeinde, wenn sie die Grundregel der Gleichheit aller Menschen vor Gott missachten. Die Versuchung der Macht lauert überall, und wenn es um religiöse Macht geht, ist die Gefahr besonders hoch, denn sie kann sich in viele Formen kleiden. Die Maxime *Der Größte von euch soll euer Diener sein* (23,11) hat gewiss programmatische Bedeutung, aber ihre Umsetzung in die Praxis bleibt eine ständige Herausforderung.

Der Evangelist verschärft den Ton im Vergleich zur von Lukas bezeugten Fassung. Nur ein Beispiel: Mt 23,27–28 nimmt das Bild von den Erdgräbern auf, aber in einem anderen Sinn. Jetzt handelt es sich nicht um unkenntliche Gräber, die bei ihrem Betreten die Menschen verunreinigen (Lk 11,44), sondern es geht um den Kontrast zwischen äußerem Schein und innerer Wirklichkeit:

[27] Ihr seid wie getünchte Gräber, die von außen schön aussehen, innen aber voll sind von Knochen der Toten und

aller Unreinheit. [28] So erscheint auch ihr von außen den Menschen gerecht, innen aber seid ihr voll Heuchelei und Gesetzlosigkeit.

In der antijüdischen Polemik des Neuen Testaments gibt es wenige Stellen, die so scharf und beleidigend sind wie diese. Nur Joh 8,44 (der Vater der Juden ist der Teufel) und Offb 2,9; 3,9 (die Juden bilden die Synagoge des Satans) sind damit vergleichbar. Es ist bezeichnend, dass die zitierten Texte so wie das MtEv in judenchristlichen Kreisen entstanden sind; so wird vielleicht das Ausmaß der Polemik verständlich. Bei den Kontrahenten handelt es sich nicht um Menschen, die sich kaum kennen – und sich dennoch bekämpfen. Der Streit zwischen Juden und judenchristlichen Gemeinden wird in einem Ton und einer Schärfe geführt, wie sie in einem Familienstreit üblich sind, mit den gleichen Folgen, die auch solche Streitigkeiten zeitigen: Verletzungen, Trennung, dauerhafte Feindschaft.

Der Evangelist hat unsere Sprache beeinflusst. „Pharisäer" bezeichnet heute allgemein den Heuchler, den Falschen überhaupt, mit und ohne religiösen Hintergrund. „Hypokrisie"/ „Heuchelei" und „Pharisäertum" sind synonym geworden. So selbstverständlich dieser Sprachgebrauch geworden ist, so ungerecht ist er. Historisch gesehen waren die Pharisäer eine Reformbewegung des Judentums, die den Willen Gottes durch die Beobachtung des Gesetzes erfüllen wollte. Dass einige unter ihnen auch Heuchler waren, kann als sicher gelten, ebenso wie es solche auch bei jeder anderen religiösen Bewegung gibt. Alle Pharisäer als Heuchler zu bezeichnen, ist jedoch eine ungerechte Diffamierung.

5.3 Schlussfolgerungen

Die kritische Wahrnehmung und die harte Polemik in Mt 23 sind doppelbödig. Auf der Grundlage der Auseinandersetzung Jesu mit den Frommen seiner Zeit richtet der Evangelist seine Spitze zuerst an die Adresse der Juden, mit denen er und seine Gemeinde konfrontiert sind. Das Problem des religiösen Fehlverhaltens ist jedoch so vielschichtig und komplex, dass es naiv wäre zu glauben, nur bei den Gegnern würde es auftreten. Deswegen setzt er die andere Spitze, die an die eigene Gemeinde adressiert ist. Sie kann bei Schriftgelehrten und Pharisäern das Zerrbild der Frömmigkeit sehen, in dem sich aber auch das eigene Bild widerspiegelt.

Es bedarf keines besonderen Scharfsinns, um die Aktualität der Kritik am religiösen Verhalten, die hier behandelt wurde, wahrzunehmen. Sie gilt eigentlich den Gläubigen aller Religionen, aber wir beschränken uns hier auf unser eigenes Umfeld, um zwei Formen religiöser „Pathologie" kurz anzusprechen:

(1) Klerikalismus: Obwohl nicht allein die Kleriker den Gefahren des Klerikalismus ausgesetzt sind, versteht es sich von selbst, dass sie in erster Linie gefährdet sind. Sie werden als „Hochwürden" bezeichnet, und manche von ihnen mögen sich auch so vorkommen. Dabei handelt es sich nicht um die Würde aller Gläubigen vor Gott aufgrund der Taufe, sondern um den besonderen Status, der den Klerikern in der Kirche zukommt. Doch kommt diese „höhere" Würde einer Selbsttäuschung gleich, auch wenn sie von mehreren getragen wird. Wahrscheinlich erklärt sich dieses Gefühl der „Erhabenheit" durch eine leider weit verbreitete Wirklichkeitsferne, die sich unter anderem in der Neigung äußert, in einer konstruierten Welt zu leben, ohne viel Kontakt mit der alltäglichen Wirklichkeit.

(2) Worte und Taten: *Denn sie reden nur, tun es aber nicht* (Mt 23,3). Die Diskrepanz zwischen den vielen und manchmal auch schönen Worten und den unterlassenen Taten, die durch das Wort Jesu aufgedeckt wird, prägt das Phänomen der Religiosität allgemein, aber berührt vor allem die Personen, die eine Religionsgemeinschaft in der Öffentlichkeit vertreten. Im katholischen Bereich hat diese Diskrepanz in den letzten Jahren ungeahnte Dimensionen erreicht. Es sind nicht nur die fehlenden Taten, sondern vor allem die vielen Missetaten, die sie bis ins Unerträgliche steigern. – Wir belassen es bei diesen Andeutungen. Unsere eigene Wahrheit vor Gott steht auf dem Prüfstand.

6 Der Imperativ der Vergebung

6.1 Allgemeine Überlegungen

Die Bedeutung von Vergebung erschließt sich viel einfacher durch die Erfahrung als durch irgendeine Definition. Durch die aktive oder passive Erfahrung von Vergebung wissen wir, was damit gemeint ist, auch wenn der Vorgang selbst sich nicht leicht mit Worten ausdrücken lässt. Darum werden die folgenden Überlegungen über das vielschichtige Phänomen der Vergebung bewusst erfahrungsorientiert bleiben.

6.1.1 Die Voraussetzungen der Vergebung

Zwischenmenschliche Beziehungen entfalten sich innerhalb eines dichten Handlungs- und Spannungsfelds, das ihre Lebendigkeit fördert, gleichzeitig aber ihre Beständigkeit gefährdet. Ein Extrembeispiel dürfte das Verhältnis zwischen Liebe und Hass sein, bei dem das eine in das andere umschlagen kann, ohne dass sie deswegen in ihrer Gegensätzlichkeit ganz aufgehen, wie es bereits das Distichon von Catull „Odi et amo" vorzüglich zur Sprache bringt. Ohne die Erfahrung menschlicher Nähe wird keines der beiden Gefühle entstehen. Dazu gehören die glücklichen Stunden, aber auch die schwierigen, in denen Spannungen wachsen und ein Konflikt entsteht. „Konflikt" bedeutet wörtlich „Zusammenstoß", „Zusammenprall", in diesem Fall der verschiedenen Interessen, Wünsche, Absichten der Beteiligten.

Aus dem Konflikt in all seinen Formen gehen die Konfrontation und die Verletzung hervor, die in der Vergebung ihre mögliche Aufhebung finden. Die Vergebung bietet die Chance, die Folgen des Konflikts zu beseitigen oder zumindest abzumildern. Wo zuvor keine Nähe bestand, genügt ein Wort der Entschuldigung, um die Angelegenheit zu bereinigen. Wo eine enge Beziehung in Frage gestellt wurde, dort ist die Bitte um Vergebung unumgänglich, und bekanntlich kommt sie nicht so leicht über die Lippen wie eine weniger verbindliche Entschuldigung. Nach der gleichen Logik verstehen wir, dass nur die Menschen, die uns nahestehen, uns wirklich wehtun können, nicht die uns Unbekannten oder Fernstehenden. Die Raummetaphorik – Ferne und Nähe – scheint unersetzlich zu sein, wenn Beziehungen zur Sprache gebracht werden.

6.1.2 Vergeben und Vergessen

„Ich kann nicht vergeben, weil ich nicht vergessen kann." Mit leichten Abweichungen ist die Aussage bekannt, und ihre Folgerichtigkeit lässt sich gut nachvollziehen. Im Bild ausgedrückt: Der Konflikt hat eine Verletzung oder Wunde verursacht, die jetzt vielleicht nicht mehr blutet, aber eine Narbe hinterlassen hat. Bei jedem Blick auf die Narbe wird die Erinnerung an das erlittene Unrecht – so die eigene Wahrnehmung – wach. Die Aktualität des Vergangenen stellt sich der Vergebung in den Weg. – Die zitierte Aussage mag einsichtig erscheinen, richtig ist sie aber nicht. Denn Vergebung setzt nicht Vergessen voraus, als wäre es möglich, bestimmte unangenehme Szenen und Worte, die uns schmerzhaft getroffen haben, aus dem Gedächtnis zu tilgen, sodass von ihnen kein Rest übrigbleibt; in der Regel ist das nicht möglich. Vergebung wäre dann ebenso unmöglich. Verdrängen kann man zwar immer, aber das ist etwas anderes. Außerdem kommt das Verdrängte irgendwann nochmals ans Licht. Wie kann man nun vergeben, wenn das Unrecht bleibend in der Erinnerung ist?

Wir nehmen das Bild der Verletzung wieder auf, um in ihm eine Antwort zu versuchen. Entscheidend ist der Blick auf die von der Verletzung zurückgebliebene Narbe. Es ist möglich, sie jeden Tag anzuschauen und an den vergangenen Konflikt zu denken. Die Vergangenheit wird so zur Belastung für die Gegenwart, denn der Blick ist nach hinten, nicht nach vorne gerichtet. Die Behauptung bedarf keiner näheren Erklärung: Wenn man zurückschaut, kann man nicht nach vorne gehen, oder nur auf die Gefahr hin, in die Grube zu fallen. Es ist aber auch möglich, nicht ständig auf die Narbe zu schauen und die Gegenwart so zu gestalten, dass der vergangene Konflikt in den Hintergrund gerät. Er wird dadurch nicht vergessen oder verdrängt, aber er hört auf, die Gegenwart zu bestimmen.

Die Gründe, weswegen sich jemand für diesen Weg entscheidet und nicht in der Vergangenheit verharren will, sind unterschiedlich und sicherlich nicht immer religiös motiviert. Vielleicht spielen manche positiven Aspekte eine Rolle, die der Betroffene ahnt oder erhofft:

– Die heilende Wirkung der Zeit, die das Geschehene nicht vergessen lässt, aber ihm die Schärfe nimmt und es in neuem Licht zeigt mit Raum für Verständnis dem anderen gegenüber.

– Die befreiende Erfahrung, sich von vergangener Belastung zu distanzieren, um einer zukünftigen Veränderung eine Chance zu geben.

- Der positive Impuls eigener Großherzigkeit, die zum „Blick nach vorn" motiviert.

6.1.3 Vergebung und Versöhnung

Vergebung kann einseitig erfolgen, wobei offenbleibt, ob sich dadurch Vergebung wirklich ereignet. Das klassische Beispiel aus dem Neuen Testament: Sterbend schreit Stephanus: *Herr, rechne ihnen diese Sünde nicht an!* (Apg 7,60; vgl. Lk 23,34) Stephanus vergibt denen ihre Sünde, die im Begriff sind, ihn umzubringen, und bittet Gott, er möge sie deswegen nicht bestrafen. Über die Reaktion der Täter auf seine Worte wird nichts berichtet, aber die Situation legt die Vermutung nahe, dass ihnen die Vergebung nichts bedeutet.

Versöhnung hingegen verlangt Gegenseitigkeit. Der schuldig Gewordene muss seine Schuld anerkennen und bekennen, damit Begegnung durch Vergebung ermöglicht wird. Nur so wird eine gebrochene Beziehung wiederhergestellt.

6.2 Der Gott der Vergebung

Obwohl viele Christen als selbstverständlich annehmen, dass ihnen Gott ihre Sünden vergibt, handelt es sich um keine Selbstverständlichkeit, sondern um eine Gewissheit, die nur durch den Glauben an den Gott der biblischen Überlieferung begründet werden kann.

Die Vorstellung, dass Gott die Sünden vergibt, steht im Zusammenhang mit einem bestimmten Gottesbild, das wiederum ein Menschenbild bedingt. Wir haben bereits vom „dialogalen"

Verhältnis zwischen Gott und den Menschen gesprochen. Der Ausdruck spielt in analoger Weise auf die zwischenmenschlichen Beziehungen an, die durch die Wechselwirkung von Anrede und Antwort geprägt sind. Was im menschlichen Bereich geschieht, wird auf das Verhältnis von Gott zu den Menschen übertragen. Im Sinn des biblischen Glaubens offenbart sich Gott den Menschen in der Geschichte, und diese sind aufgefordert, darauf zu antworten.

Der besondere Charakter dieser Beziehung führt dazu, dass die falsche Antwort, die Verfehlung, nicht eine Verfehlung allgemeiner Art bedeutet (wie das griechische „hamartía"), sondern „Sünde", Verletzung oder Bruch der Beziehung zu Gott. Der sündige Mensch erkennt, dass er nicht gegen ein anonymes Gesetz verstoßen oder eine liturgische Bestimmung missachtet hat. Sein Gegenüber ist der lebendige Gott. Darum sagt er:

> [5] *Denn ich erkenne meine bösen Taten, meine Sünde steht mir immer vor Augen.* [6] *Gegen dich allein habe ich gesündigt, ich habe getan, was böse ist in deinen Augen.*
> (Ps 51,5–6)

Die Bitte um Vergebung bleibt auf der gleichen Ebene:

> [11] *Verbirg dein Angesicht vor meinen Sünden, tilge alle Schuld, mit der ich beladen bin!* [12] *Erschaffe mir, Gott, ein reines Herz, und einen festen Geist erneuere in meinem Innern!* (Ps 51,11–12)

Das Sündenbekenntnis erfolgt direkt, ohne Umwege, ohne zu versuchen, die eigene Verantwortung einzuschränken durch den Hinweis auf einen anderen. Jede Entschuldigung verschiebt die eigene Schuld auf eine andere Instanz. Die Gewissheit, die keiner Begründung bedarf, dass Gott ein gnädiger Herr ist und bereit, die Sünden zu vergeben, ist die wesentliche Voraussetzung für die erstaunliche Offenheit und Ehrlichkeit des Menschen vor Gott. Er darf sich vor ihm so zeigen, wie er ist, weil er um die Erhabenheit des einzigen wahren Gottes weiß, die sich in seiner Güte offenbart. *Vergib uns die Sünden um deines Namens willen!* (Ps 79,9) Der Heilige Israels handelt nach seinem Namen, nach seinem Wesen, und das bürgt für die Hoffnung, von ihm die Vergebung der eigenen Sünden zu empfangen.

6.3 Die Vergebung der Sünden im MtEv

6.3.1 Die Fragestellung

Die Glaubensüberlieferung, dass Gott die Sünden vergibt, wurde durch die Deutung des Todes Jesu am Kreuz verstärkt. Nach Mt 26,28 bedeutet der Kelch mit Wein das Blut des Bundes, das für die Vielen vergossen wird *zur Vergebung der Sünden*. Mit dieser Glaubensüberzeugung ist die Folgerung verknüpft, dass sich die Christen gegenseitig die Sünden vergeben sollen, aber nur im MtEv wird das Thema näher entfaltet. Das spricht nochmals für den „ekklesialen" Charakter des Evangeliums. Seine Verkündigung formuliert der Evangelist nicht in einem abstrakten Raum, und er wendet sich ebenso wenig an einen anonymen Adressatenkreis. Seine Worte lassen vielmehr oft die Konturen seiner Gemeinde als Hintergrund seiner Botschaft erkennen.

Was wir in den allgemeinen Überlegungen über die Voraussetzungen der Vergebung beobachtet haben, lässt sich auf das Leben in einer urchristlichen Gemeinde übertragen. Über die

Zahl, den sozialen Stand, die gesellschaftliche Lage dieser Gemeinde wissen wir nichts, und es ist sinnlos, darüber zu spekulieren. Aber die Gemeinde war sicherlich nicht so groß, dass sich die Beziehungen der Mitglieder zueinander in die Anonymität verliefen. Wenn der Evangelist der Frage der Sündenvergebung in der Gemeinde so viel Aufmerksamkeit schenkt, dann darum, weil die gemeindlichen Umstände das Aufkommen des Problems zuließen.

6.3.2 Die Texte

> [23] *Wenn du deine Gabe zum Altar bringst und dir dabei einfällt, dass dein Bruder etwas gegen dich hat,* [24] *so lass deine Gabe vor dem Altar liegen; geh und versöhne dich zuerst mit deinem Bruder, dann komm und opfere deine Gabe. (Mt 5,23–24)*

Die schon in der prophetischen Verkündigung akzentuierte „Menschlichkeit" Gottes lehnt jede Trennung zwischen einem kultisch-sakralen und einem alltäglich-profanen Bereich ab. Über die Art des Konflikts sagt der Text nichts. Der Hinweis auf den *Bruder, der etwas gegen dich hat*, ist vage. Der Akzent liegt allein auf der Forderung, zuerst den Bruch der Beziehung wiedergutzumachen, bevor man Gott kultisch verehrt. Die Versöhnung behält das Vorrecht vor dem Kult.

> [14] *Denn wenn ihr den Menschen ihre Verfehlungen vergebt, dann wird euer himmlischer Vater auch euch vergeben.* [15] *Wenn ihr aber den Menschen nicht vergebt, dann*

wird euch euer Vater eure Verfehlungen auch nicht ver-
geben. (Mt 6,14–15)

Der Text folgt auf das Vaterunser und bekräftigt das dort Ge-
sagte: *Und erlass uns unsere Schulden, wie auch wir sie unseren*
Schuldnern erlassen haben (6,12). Das erste Wort verdeutlicht
die 5. Bitte des Vaterunsers. Wer die notwendige Weitergabe
der Vergebung unterbricht, weil er nicht bereit ist, dem Bruder
zu vergeben, verschließt sich selbst der Gabe des Erbarmens.

Mt 9,1–8 erzählt in verkürzter Form von der Heilung eines Gelähmten nach Mk 2,1–12. Nachdem Jesus dem Gelähmten die
Vergebung seiner Sünden ankündigt, überlegen die Schriftgelehrten unter sich, dass Jesus Gott lästert; Mk 2,7: *Wer kann*
Sünden vergeben außer dem einen Gott? Mt 9,3 lässt diesen
Satz aus. Sicherlich steht auch für den Evangelisten des MtEv
außer Frage, dass nur Gott Sünden vergeben kann, aber er
denkt an die Praxis der gegenseitigen Sündenvergebung in seiner
Gemeinde. Nur Gott kann die Sünden vergeben, und doch bleiben die Gläubigen aufgefordert, die erfahrene Vergebung nicht
allein für sich zu behalten, sondern sie den anderen Mitmenschen durch die eigene Bereitschaft anzubieten, ihnen zu vergeben.

6.4 Die Vergebung in Mt 18

In der sogenannten „Gemeinderede" (Mt 18,1–35) wird die
Frage der Vergebung der Sünden in zwei Textabschnitten behandelt.

6.4.1 Vergebung und Versöhnung

¹⁵ *Wenn dein Bruder gegen dich sündigt, dann geh und weise ihn unter vier Augen zurecht! Hört er auf dich, so hast du deinen Bruder zurückgewonnen.* ¹⁶ *Hört er aber nicht auf dich, dann nimm einen oder zwei mit dir, damit die ganze Sache durch die Aussage von zwei oder drei Zeugen entschieden werde.* ¹⁷ *Hört er auch auf sie nicht, dann sag es der Gemeinde! Hört er aber auch auf die Gemeinde nicht, dann sei er für dich wie ein Heide oder ein Zöllner.*

Mt 18,15–17 bringt etwas Überraschendes, insofern der Abschnitt einen Fall berichtet, in dem Vergebung verweigert wird. Die Angelegenheit wird aus der Perspektive des Opfers erzählt, gegen das sein Bruder gesündigt hat. Erste Pflicht ist, ihn unter vier Augen zurechtzuweisen. Wenn der andere auf den Betroffenen hört, ist die Angelegenheit erledigt. Wenn die Zurechtweisung keinen Erfolg hat, soll man die Sache vor zwei oder drei Zeugen bringen, damit sie entschieden wird. Wenn auch dann keine Lösung gefunden wird, soll die Sache vor der Gemeinde behandelt werden. *Hört er aber auch auf die Gemeinde nicht, dann sei er für dich wie ein Heide oder ein Zöllner* (18,17), das heißt er wird aus der Gemeinde ausgeschlossen.

Warum sind alle Versuche, den Streit zu lösen, gescheitert? Warum die harte Entscheidung, den sündigen Bruder aus der Gemeinde zu entfernen? Wenn dieser im Konflikt mit seinem Bruder Schuld auf sich geladen hat, dann gibt es nur eine Erklärung für die Eskalation des Konflikts: Er hat sich geweigert, die eigene Schuld zuzugeben, und zwar zuerst in einem Gespräch unter vier Augen, sodann vor zwei oder drei Zeugen und schließlich vor der versammelten Gemeinde. Es kann keine Vergebung geben, wenn der Schuldige sich dazu nicht bekennen will. Nach der herrschenden Meinung in der Gemeinde kann man ihn nicht für einen Unschuldigen halten, der zu Unrecht angeklagt wurde. Die Härte der Entscheidung hängt wahrscheinlich mit der Schwere der Verfehlung zusammen. Wegen einer Kleinigkeit hätte der Konflikt nicht zu einer solchen Konsequenz geführt. Wenn er sich inmitten der Gemeinde abgespielt hat, dann wäre die einseitige Vergebung auch nicht die richtige Antwort.

6.4.2 Der Imperativ der Vergebung

Vergeben ist nicht leicht. Bei jedem Konflikt, der eine Geste der Vergebung verlangt, stellt sich die Frage, die Petrus in Mt 18,21 an Jesus stellt (vgl. Lk 17,4): *Herr, wie oft muss ich meinem Bruder vergeben, wenn er gegen mich sündigt? Bis zu siebenmal?* Die Antwort Jesu spielt mit der angegebenen Zahl: *Ich sage dir nicht: Bis zu siebenmal, sondern bis zu siebzigmal siebenmal,* das heißt immer.

In Ergänzung dazu erzählt Jesus eine unglaubliche Geschichte (Mt 18,23–35), die nur an dieser Stelle überliefert wird. Es geht um einen König, der von seinen Knechten Rechenschaft verlangt und dabei einem begegnet, der ihm 10.000 Talente schuldet. Die Hörer damals wie heute werden über Höhe des Betrags nicht schlecht gestaunt haben: Ein Talent entsprach 6.000 Drachmen bzw. Denaren. Ein Denar wurde als Tageslohn bezahlt; wenn wir einen Tageslohn von 100 € ansetzen, dann entspricht ein Talent etwa 600.000 €. Der „arme" Knecht schuldete dem König aber 10.000 Talente, also 6 Milliarden €! Eine verrückte Geschichte! Kein Knecht kann solche Schulden machen. Wie reich hätte der König sein müssen, wenn einer von seinen Knechten über so viel Geld verfügt hätte?

In dieser Geschichte, in der nichts unmöglich ist, beschließt der König, den Knecht und seinen ganzen Besitz zu verkaufen, um die Schuld zu begleichen – als wäre das auf diese Weise möglich. Daraufhin bittet der Knecht um Geduld und verspricht, alles zurückzuzahlen. Wenngleich er sein Versprechen nicht halten kann, erbarmt sich der Herr dennoch und erlässt ihm die Schuld. Beim Hinausgehen trifft der Schuldner einen Mitknecht, der ihm 100 Denare schuldet. Nach unserer Berechnung wären es 10.000 €, keine Kleinigkeit, aber im Vergleich zu der vorher erwähnten Summe ein überschaubarer Betrag. Eine solche Schuld ist auf jeden Fall bezahlbar. Aber jetzt kennt der Schuldner kein Erbarmen und lässt seinen Mitknecht ins Gefängnis werfen.

Als der Herr das erfährt, wird er zornig und bestraft den Knecht, dem er die Schuld erlassen hat. Dabei stellt er die Frage, die den Sinn der Erzählung offenlegt: *Hättest nicht auch du mit deinem Mitknecht Erbarmen haben müssen, wie ich mit dir Erbarmen hatte?* (18,33) So ist die Schlussfolgerung: *Ebenso wird mein himmlischer Vater euch behandeln, wenn nicht jeder seinem Bruder von Herzen vergibt.* (18,35)

Von diesem Schluss her betrachtet, wird das krasse Missverhältnis zwischen den erwähnten Summen erklärbar. Der Mensch vermag von sich aus die eigene Schuld vor Gott nicht zu tilgen. Es ist immer die Gnade und das Erbarmen, was ihn retten kann, nicht der eigene Anspruch auf Vergebung. Auch das Sühneopfer ändert daran nichts. Gott lässt sich nicht manipulieren, als könnte ihn ein wertvolles Opfer gnädig stimmen. Die Doppeldeutigkeit des Wortes „Schuld" zu bedenken, ist in diesem Zusammenhang hilfreich. Unsere Schuld vor Gott ist an sich so wenig zu begleichen wie die Schuld des ersten Knechts vor dem König. Keine „Entschuldigung" bringt uns weiter, nur sein unbegreifliches Erbarmen macht uns frei.

Im zwischenmenschlichen Bereich liegen die Dinge anders. Auch wenn wir in Beziehungen zu anderen Menschen schwere Schuld auf uns geladen haben, oder andersherum, wenn andere uns gegenüber schuldig geworden sind, ist das Ausmaß der Schuld unvergleichbar geringer als unsere Schuld vor Gott.

Das Missverhältnis der Schuld der beiden Knechte bildet die Grundlage für die Lehre, die aus dem Gleichnis zu ziehen ist. Wenn Gott in seiner unendlichen Großzügigkeit uns vergeben hat, müssen wir bereit sein, einander zu vergeben. Die Gabe der Vergebung hat transitiven Charakter und verlangt, dass jeder, der sie empfangen hat, sie auch weitergibt. Darin besteht der „Imperativ der Vergebung".

6.5 Zum Schluss

Der Eindruck ist nicht unbegründet, dass „Realpolitik" mit Vergebung wenig anfangen kann, obwohl die Geschichte lehrt, dass Vergebung eine entscheidende Wende auch in den internationalen Beziehungen herbeiführen kann, wenn die Verantwortlichen sich darauf einlassen. Andererseits wird immer deutlicher, dass die systematische Ablehnung der Versöhnung alte Probleme nur verschärft.

Unabhängig davon, wie die Gesellschaft mit der Vergebung umgeht, eröffnet sich jedem Gläubigen die Möglichkeit, die wohltuende Erfahrung von Vergebung weiterzuschenken und so die Güte Gottes nachzuahmen. Groll und Unversöhnlichkeit können uns krank machen oder unser Leben erschweren. Die Vergebung hingegen vermittelt Freude und lässt uns etwas von der Leichtigkeit der Gnade ahnen.

7 Simon Barjona, der Petrus

7.1 Ein Fischer namens Simon Barjona

Das Leben eines Fischers, der vor 2000 Jahren im nördlichen Teil des Sees Gennesaret seinem Beruf nachging, war nicht abwechslungsreich. Die Arbeit verlief entsprechend der Ordnung der Natur. Die Fischer gehörten zum bescheidenen Mittelstand in der Gesellschaft. Sie waren keine Tagelöhner, die jeden Tag eine Arbeit suchen mussten, um sich und ihre Familien zu ernähren, sondern genossen die Sicherheit, die ihnen der Arbeitsplatz, die Wohnung und die Familie gewährten. Reich waren sie nicht, aber zu den Bedürftigen zählten sie auch nicht. Um ihre Stellung zu stärken, bildeten sie oft mit Verwandten ein kleines Familienunternehmen. Simon arbeitete gemeinsam mit seinem Bruder Andreas, ebenso wie Jakobus und Johannes, die zwei Söhne des Zebedäus, der es sich sogar leisten konnte, einige Tagelöhner zu beschäftigen (Mk 1,20).

Alles blieb wohlgeordnet, bis sie eines Tages einem Unbekannten begegneten: Jesus von Nazaret. Obwohl die Evangelisten die Geschichte ihrer Berufung erzählen (vgl. Mk 1,16–20; Mt 4,17–22), wissen wir nichts Genaues über diese Begegnung. Dass erwachsene Männer mit Beruf und Familie plötzlich alles verlassen und einem Unbekannten nachfolgen, klingt sehr schematisch und ist kaum nachvollziehbar. Aber auf jeden Fall haben sie diesen Schritt gewagt. Das Wort des Simon ist nicht übertrieben: *Siehe, wir haben alles verlassen und sind dir nachgefolgt* (Mk 10,28). Mt 19,27 ergänzt diese Aussage mit einer realistischen Frage: *Was werden wir dafür bekommen?*

So bildete sich allmählich eine Gruppe von zwölf Männern, die Jesus auf seiner Wanderung durch Galiläa begleiteten. Nun konnten sie ihren Beruf nicht mehr ausüben und waren gezwungen, sich von ihren Familien zu trennen.

Äußerlich betrachtet endet die Geschichte Jesu und seiner Jünger kläglich. Beim Aufenthalt in Jerusalem anlässlich des Paschafestes kommt es zu einer Zuspitzung des Konflikts mit den Anführern des Judentums, was zur Verurteilung Jesu führt. Wie die anderen Jünger flieht auch Petrus in der Stunde der Gefahr. Nur aus der Ferne, im Hof des Hohenpriesters, verfolgt er die Ereignisse der Nacht, in der Jesus verhaftet und ihm der Prozess gemacht wird. Vor einer Magd und danach vor anderen Leuten wird er dort vehement leugnen, Jesus zu kennen. Das sind seine letzten Worte in den synoptischen Evangelien.

7.2 Simon Petrus im MtEv

Der Evangelist zeigt ein besonderes Interesse für die Gestalt des Simon Petrus. Wichtige Einzelheiten übernimmt er aus dem Markusevangelium, das eine seiner Quellen ist, aber er beschränkt sich nicht darauf, sie einfach weiterzugeben.

7.2.1 Simon, der Kephas

„Petersdom", „Petersplatz", „Du bist Petrus": Für viele Christen ist die Sache klar; dass aber „Petrus" nur der Beiname des Simon ist, ist ihnen so klar nicht. „Petrus" ist die lateinische Form des griechischen „Petros", und dies ist die griechische Form des aramäischen „Kephas". In Mk 3,16 gibt Jesus dem Simon diesen Beinamen, ohne dass die Umstände der Namensgebung präzisiert werden. Das Gleiche berichtet Lk 6,14 (vgl. Mt 10,2), während nach Joh 1,42 dies bei der ersten Begegnung Jesu mit Petrus geschieht: *Du bist Simon, der Sohn des Johannes, du sollst Kephas heißen, das heißt übersetzt Petrus.*

Es besteht kein Zweifel, dass der Beiname Kephas für Simon auf Jesus zurückgeht, aber wir wissen nicht, wann und warum das geschah. Als Personenname ist „Kephas" sonst nicht belegt. Wenn das Wort ursprünglich „Fels" bedeutet, dann ist der Beiname zugleich Sachbezeichnung. Der Vorgang ist singulär und wirft die Frage nach dem Grund auf, weshalb Jesus dem Simon diesen Namen gab. Im Terminus „Fels" klingen Beständigkeit, Kraft, Sicherheit und Stärke an. War Simon durch Eigenschaften gekennzeichnet, die in etwa diesem Begriffsfeld entsprachen?

Auf die gestellte Frage werden wir keine eindeutige Antwort finden, aber es ist möglich, auf überprüfbare Fakten zu verweisen, die eine plausible Erklärung möglich machen. Simon erscheint immer am Anfang der Liste der Jünger Jesu (vgl. Mk 3,16; Mt 10,2; Lk 6,14; Apg 1,13) und wirkt wie der Sprecher der Gruppe (Mk 8,29; Mt 18,21). Bei der Heilung der Tochter des Synagogenvorstehers (Mk 5,37), bei der Verklärung Jesu (Mk 9,2) und bei anderen Szenen wird er jeweils als erster genannt. Simon scheint einen gewissen Vorrang gegenüber den anderen Jüngern zu genießen. Hinter dieser Beobachtung verbirgt sich wohl nichts Außergewöhnliches. Es gehört zum Phänomen der Gruppenbildung, dass einer aus der Gruppe sich hervortut und die Initiative ergreift, bevor sein Vorrang von den anderen ausdrücklich anerkannt wird. Der Vorgang ist so normal wie die Haltung derer, die eher im Hintergrund bleiben.

Es ist gut denkbar, dass Jesus die Stellung des Simon in der Gruppe der Jünger beobachtet hat und seine Führungsfunktion mit dem Beinamen „Kephas" bestätigen wollte. Aber schwerlich konnte ihm entgehen, dass Simon – wie auch die anderen Jünger – den Sinn seiner Sendung nicht richtig verstanden. Nach dem Bekenntnis in Cäsarea Philippi weigert sich Simon Petrus, Jesu Ankündigung seines Leidens und Todes zu akzeptieren, und er wagt sogar, den Meister zurechtzuweisen. Die Worte Jesu darauf sind an Schärfe nicht zu überbieten: *Weg mit dir, Satan, geh mir aus den Augen! Denn du hast nicht im Sinn, was Gott will, sondern was die Menschen wollen* (Mk 8,33; Mt 16,23).

Dennoch wird der Name „Kephas" auch daraufhin nicht in Frage gestellt, und erst recht nicht zurückgenommen. Auch mit seinen Defiziten wird Simon Petrus seine Führungsrolle weiterhin ausüben. Am Ende, als seine Schwäche vor einer Magd im Hof des Hohepriesters überdeutlich wird, ist er noch fähig, sich dazu zu bekennen und seine Verzagtheit zu beweinen. Viel später wird er noch zeigen, dass der ihm von Jesus verliehene Name nicht grundlos war.

7.2.2 Simon, der Fels, Träger der Überlieferung und Fundament der Kirche

Nach dem Bekenntnis in Cäsarea Philippi überliefert Mt 16,17–19 ein Wort Jesu, das besonders im Katholizismus bekannt ist und gerne zitiert wird:

[17b] Selig bist du, Simon Barjona; denn nicht Fleisch und Blut haben dir das offenbart, sondern mein Vater im Himmel. [18] Ich aber sage dir: Du bist Petrus und auf diesen Felsen werde ich meine Kirche bauen, und die Pforten der Unterwelt werden sie nicht überwältigen. [19] Ich werde dir

die Schlüssel des Himmelreichs geben; was du auf Erden
binden wirst, das wird im Himmel gebunden sein, und was
du auf Erden lösen wirst, das wird im Himmel gelöst sein.

Der Evangelist schiebt die zitierten Worte in einen Abschnitt ein, der literarisch von Mk 8,27–30 abhängt. Unmittelbar nach dem Bekenntnis des Petrus in Mk 8,29 untersagt Jesus seinen Jüngern, jemandem etwas über ihn zu sagen. Das berichtet auch Mt 16,20, aber erst nach dem feierlichen Wort an Simon: *Dann befahl er den Jüngern, niemandem zu sagen, dass er der Christus sei.* Es entsteht der Eindruck, Jesus würde dem Simon den Namen Petrus erst in diesem Zusammenhang geben, obwohl dieser bereits mehrmals zuvor so genannt wurde (Mt 4,18; 8,14; 10,2; 14,28.29; 15,15).

Darüber hinaus sind zwei weitere Details von Bedeutung:

(1) Das Bekenntnis des Petrus: *Du bist der Christus, der Sohn des lebendigen Gottes* (Mt 16,16), wird von Jesus als Ausdruck einer göttlichen Offenbarung gedeutet: *Denn nicht Fleisch und Blut haben dir das offenbart, sondern mein Vater im Himmel.* Darum wird Simon seliggepriesen. Der Inhalt einer Offenbarung nimmt für sich höchste Verbindlichkeit in Anspruch, weil nur Gott das Geheimnis seines Wesens enthüllen kann. Daher ist Gott allein der Urheber der Offenbarung. In diesem Fall handelt es sich um das Geheimnis der Person Jesus von Nazaret, der von Gott selbst als der Sohn des lebendigen Gottes deklariert wird. Der Mensch, dem die Offenbarung zuteilwurde, genießt eine Glaubwürdigkeit, die über jeden Zweifel erhaben ist. Er kann das Offenbarungsgeschehen nicht argumentativ plausibel machen, sondern nur auf den Urheber hinweisen, der sich jeder Beweisführung entzieht. Als Empfänger der Offenbarung bürgt Simon für die Wahrheit des Glaubens

an Jesus als den Christus. So wie der Lieblingsjünger im Johannesevangelium, der *all das bezeugt und aufgeschrieben hat* (Joh 21,24), der Garant für die Wahrheit der Überlieferung in der johanneischen Gemeinde ist, so ist dies Simon Petrus in der Gemeinde des Evangelisten.

(2) Das zweite wichtige Detail ist die Namensgebung und das Wortspiel mit „Fels". Simon wird *Petros/Petrus* genannt, und auf dieser (griech.) „petra" – Fels – will Jesus seine Kirche bauen. Beide Termini werden oft synonym gebraucht, aber ganz gleichbedeutend sind sie nicht. Der „Petros" (Maskulinum) ist eher der bewegliche „Felsblock" unterschiedlicher Größe; die „Petra" (Femininum) hingegen meint den gewachsenen Felsen, der einem Bau als festes Fundament dienen kann. Die Gestalt des Simon Petrus wird dadurch unbedingt auf die Kirche bezogen. Als „Petros" ist er zugleich die „Petra" der Kirche, die ihr Fundament bildet und für ihren Bestand sorgt. Sogar die stärksten widergöttlichen Mächte, die mit den *Pforten der Unterwelt* ins Bild gesetzt werden, können sie nicht überwältigen.

Der Evangelist macht hier keine Aussage über die Kirche im Allgemeinen, sondern über seine Gemeinde, die sich mit Simon Petrus identifiziert und die sich von ihm vertreten lässt. Wie die johanneische Gemeinde die Bezeichnung „Gemeinde des Lieblingsjüngers" gerne getragen haben mag, so wäre die Gemeinde des Evangelisten mit der Bezeichnung „Gemeinde des Petrus" einverstanden gewesen.

Im 2. Jahrhundert wurde ein „Evangelium des Petrus" geschrieben, das nie kanonischen Rang erlangte. Merkwürdigerweise wurde das „Matthäusevangelium" aber nie als „Evangelium des Petrus" bezeichnet, obwohl die Voraussetzungen dafür gegeben waren. Wer wäre geeigneter als Simon Petrus, die Rolle des Verfassers zu übernehmen, nachdem Jesus selbst ihn dazu auserkoren hatte, durch eine göttliche Offenbarung die Wahrheit der Überlieferung zu garantieren und als der „Petros" der Kirche gleichzeitig als die „Petra", als ihr Fundament, zu dienen?

7.2.3 Die Schwächen des Kephas

Durch den Einschub Mt 16,17–19 gerät die Gestalt des Simon Petrus in eine noch größere Spannung als in Mk 8,29–33. Der Evangelist kümmert sich nicht darum, diesen Gegensatz zwischen den feierlichen Worten an Simon Petrus und der fast unmittelbar darauf folgenden harten Verurteilung abzubauen: *Weg mit dir, Satan, geh mir aus den Augen!* (Mt 16,23) Diese Einzelheit ist nicht unwichtig; sie passt gut in das zwiespältige Bild von Simon Petrus, das der Verfasser entwirft. Eine andere Erzählung bestätigt dies.

Mt 14,13–21 nimmt die Geschichte von der Speisung der Fünftausend aus Mk 6,32–44 auf. In der Überlieferung folgt später die Szene mit dem Seesturm, als die Jünger allein mit dem Boot in der Nacht zurückfahren und plötzlich Jesus sehen, der auf dem Wasser wandelt. Nach Mk 6,45–52 gibt sich Jesus zu erkennen und steigt in das Boot, während sich der Wind legt. Hier fügt das MtEv eine Ergänzung an, die seinem Petrusbild entspricht. Sobald sich Jesus offenbart und den Jüngern Mut macht – *Habt Vertrauen, ich bin es; fürchtet euch nicht!* (Mt 14,27) –, ergreift Petrus die Initiative: *Herr, wenn du es bist, so befiehl, dass ich auf dem Wasser zu dir komme!* (14,28) Erwartet Petrus, dass Jesus seine Gegenwart durch ein anderes Wunder bestätigt? Petrus' Bitte lässt mehrere Interpretationen zu. Wie auch immer, Jesus geht auf sie ein und sagt zu ihm: *Komm!*

Also steigt Petrus aus dem Boot und geht auf dem Wasser auf Jesus zu. Die Wirklichkeit holt ihn jedoch ein, und als er den starken Wind bemerkt, verlässt ihn sein Mut und er bekommt Angst: *Als er begann unterzugehen, schrie er: Herr, rette mich!* (14,30) In der Stunde der Not ist es die ausgestreckte Hand Jesu, die Petrus vor dem Untergang rettet. Die Worte des Herrn legen die Wahrheit des Petrus offen: *Du Kleingläubiger, warum hast du gezweifelt?* (14,31)

Die schnelle Bereitschaft und die spätere Schwäche scheinen ein Charakterzug des Petrus gewesen zu sein. Unterwegs zum Ölberg möchte er sich von den anderen Jüngern unterscheiden und beteuert: *Und wenn alle an dir Anstoß nehmen – ich werde niemals an dir Anstoß nehmen! ... Und auch wenn ich mit dir sterben müsste – ich werde dich nicht verleugnen* (Mt 26,33.35; Mk 14,29.31). Wenige Stunden später wird er anders reagieren, wenn eine Magd ihn verdächtigt, mit Jesus zusammen gewesen zu sein (Mt 26,71). Der Evangelist baut auf die Angaben der Überlieferung – hier hängt er von Markus ab – auf, um eine Szene zu schaffen, in der Petrus die gleiche Rolle spielt wie beim Sturm am See von Gennesaret.

7.2.4 Simon Petrus als Sinnbild der Kirche

Die Spannung zwischen Enthusiasmus, Selbstvertrauen und Bereitschaft einerseits und Unsicherheit, Zweifel und Schwäche andererseits kennzeichnet die Gestalt des Simon Petrus. Die Szene am Ende des Evangeliums zeigt, dass die Charakterisierung nicht allein – wahrscheinlich auch nicht primär – auf die Person des Simon Petrus bezogen ist, sondern auf die Wirklichkeit der christlichen Gemeinde.

Die letzte Begegnung der Jünger mit dem auferstandenen Herrn findet auf dem Berg in Galiläa statt, *den Jesus ihnen genannt hatte. Und als sie Jesus sahen, fielen sie vor ihm nieder, einige aber hatten Zweifel* (Mt 28,16–17). Die abschließende Bemerkung ist überraschend. Wenn Jesus den Jüngern auf dem Berg erscheint, ist das Niederfallen vor ihm ein Zeichen der Anerkennung und Anbetung. Er ist der Auferstandene, dem alle Macht im Himmel und auf der Erde gegeben wurde (28,18). Aber wieso haben einige von ihnen Zweifel? Auf dem Berg waren sie allein mit Jesus, so dass der Zweifel nur auf sie bezogen werden kann. Sie haben den Herrn erkannt und darum auch angebetet. Das schließt das Nicht-Wissen um den Auferstandenen, wie bei den Jüngern auf dem Weg nach Emmaus, aus. Woher rührt dann der Zweifel? Eine einfache philologische Beobachtung enthält wahrscheinlich die Antwort auf diese Frage.

Das griechische Verb „distazo" (zweifeln, unsicher sein) kommt im MtEv nur in 14,31 *(„warum hast du gezweifelt?")* und 28,17 vor. Der Zweifel von einigen in einer Situation, in der kein Zweifel denkbar war, weist auf die Wirklichkeit der Kirche hin, die in ihrem Glauben nie ganz sicher sein kann, weil sie über ihn nicht verfügt. Die Bemerkung in 28,17 ist wirklich unpassend, aber sie bringt die Wahrheit der christlichen Gemeinden zum Ausdruck. Letztendlich sind sie wie Simon Petrus auf eine rettende Hand angewiesen, um nicht unterzugehen.

7.3 Petrus und die Kirche

Das hier dargestellte Bild des Simon Petrus entspricht teilweise der Deutung des Evangelisten, zum Teil stimmt es mit den Angaben der anderen Evangelisten überein. Lässt sich dieses Bild historisch bestätigen? Wir meinen, die Frage bejahen zu können.

7.3.1 Die Vereinbarung in Jerusalem

Etwa im Jahr 48 n. Chr. treffen in Jerusalem Vertreter der antiochenischen Gemeinde – Paulus und Barnabas – mit der Leitung der Jerusalemer Gemeinde – Jakobus, Kephas und Johannes – zusammen. Über den Verlauf der Begegnung gibt es zwei Versionen, die in wichtigen Einzelheiten voneinander abweichen. Eine der beiden hat Paulus in Gal 2,1–10 vorgelegt, die andere findet sich in Apg 15. Wir gehen vom paulinischen Text aus.

Es geht um die Frage, ob die Heiden (sprich: Nicht-Juden), die in eine christliche Gemeinde aufgenommen werden möchten, verpflichtet sind, sich zuvor beschneiden zu lassen und das jüdische Gesetz zu übernehmen. Mit anderen Worten: Müssen die Gläubigen heidnischer Herkunft zuerst Juden werden, um Christen sein zu dürfen?

Nach Paulus (Gal 2,6) akzeptierten die Jerusalemer Führer die in Antiochien schon praktizierte bedingungslose Aufnahme der Heiden in die Gemeinden. Um Klarheit zu schaffen, übernahm Petrus die Verantwortung für die Mission bei den Juden. Paulus sollte zu den Heiden gehen. Für Erstere galt nach wie vor die Beobachtung des Gesetzes, für die Heidenchristen nicht.

Diese anscheinend befriedigende Lösung hatte einen entscheidenden Schwachpunkt. Wie sollte das Zusammenleben geregelt werden, wenn sich eine Gemeinde aus Juden- und Heidenchristen zusammensetzte? Den Juden – auch den Judenchristen – war verboten, mit Heiden Tischgemeinschaft zu pflegen; zumindest war eine solche Gemeinschaft zu vermeiden. Dass dies keine theoretische Frage war, sondern eine sehr konkrete, zeigte sich im sogenannten „Antiochenischen Zwischenfall" (Gal 2,11–14).

7.3.2 Der Antiochenische Zwischenfall

Nach der Vereinbarung in Jerusalem – die Bezeichnung des Treffens als „Apostelkonzil" ist wohl übertrieben – besuchte Simon Petrus die Gemeinde in Antiochien (Gal 2,11–14). Bei den antiochenischen Heiden- und Judenchristen war es üblich, gemeinsam zu essen. Es ging dabei nicht um soziale Offenheit. Für die Feier der Eucharistie war eine solche Tischgemeinschaft unerlässlich. Petrus passte sich dem Brauch der Gemeinde an, so wie die anderen Judenchristen es dort auch getan hatten. Das Problem entstand, als einige aus dem Kreis des Jakobus in Antiochien erschienen. Aus der Reaktion der Judenchristen lässt sich schließen, dass sie in der Frage der Tischgemeinschaft mit den Heiden – auch mit Heidenchristen – eine restriktive Haltung vertraten, und zwar im Sinn der jüdischen Tradition. Ausgerechnet Petrus zog sich zurück und sonderte sich ab. In den Augen des Paulus: *weil er die aus der Beschneidung fürchtete* (Gal 2,12). Aber nicht nur Petrus reagierte dergestalt; auch die anderen Judenchristen und sogar Barnabas, der gemeinsam mit Paulus die antiochenische Gemeinde vertreten hatte, *heuchelten* (2,13) wie Petrus.

Nachdem Paulus feststellen musste, dass er von allen Judenchristen in Stich gelassen wurde, wandte er sich an Petrus mit einer rhetorischen Frage, die über die Lage in der Gemeinde wenig sagt: *Wenn du als Jude nach Art der Heiden und nicht nach Art der Juden lebst, wie kannst du die Heiden zwingen, wie Juden zu leben?* (Gal 2,14) So gut formuliert die Frage erscheint, so wenig kohärent ist sie in ihrem Inhalt. Petrus lebte nicht wie ein Heide, er hatte sich nur den Verhältnissen in Antiochien angepasst; er beabsichtigte auch nicht, die Heiden zu judaisieren. Anscheinend wollte Petrus den Konflikt mit den Vertretern des Kreises um Jakobus vermeiden, und versteckte sich.

Paulus berichtet nichts über den Ausgang der Kontroverse. Wenn die Gruppe des Jakobus sich durchsetzen konnte, dann wurde die Tischgemeinschaft aufgegeben mit beachtlichen Folgen für die Einheit der Gemeinde. Hätte sich Paulus durchgesetzt, dann hätte er sich wohl offen darüber geäußert; wenn er aber schweigt, muss man daraus schließen, dass er in diesem Fall der Verlierer war.

7.4 Zum Schluss

Simon Petrus, der Fels. Die Episode in Antiochien bestätigt das Bild, das der Evangelist Matthäus von ihm zeichnet. Mut und Unsicherheit, Stärke und Schwäche gehören zusammen und bestimmen die Gestalt des Petrus. Der Kontrast zu den gängigen Darstellungen besonders im Katholizismus ist unübersehbar; hier bleibt kaum etwas von der Zwiespältigkeit, die vor allem im MtEv so deutlich hervortritt. Petrus der Fels und zugleich das Fundament der Kirche scheint eine feste Zuversicht und einen triumphalen Ton zu rechtfertigen, der gern angeschlagen wird. In unserer Wahrnehmung der kirchlichen Wirklichkeit heute scheint ein solcher Ton nicht angebracht zu sein. Was in den letzten Jahren geschah und nun bekannt wurde, führt Fehler und Defizite vor Augen, die unvereinbar mit jeder Form von Triumphalismus sind.

Im Zusammenhang mit diesen Erfahrungen gewinnen die Gestalt des Simon Petrus und der Kirche im MtEv große Aktualität und Bedeutung. Sie zeigen die Kirche in der Welt, so wie sie ist, jenseits von Illusionen und Täuschungen: so schwach und so stark wie Simon Petrus und, wie er, in der Gewissheit, dass der Herr sie nicht verlässt. Mit dieser Kirche können wir uns identifizieren.

8 Die Arbeiter der elften Stunde

Die Überschrift dieses Kapitels spielt auf eine frei erfundene Geschichte an, die Jesus seinen Jüngern zu einem uns unbekannten Anlass erzählt und die nur in Mt 20,1–16 überliefert ist. Diese Singularität ist an sich schon überraschend, aber auch der Inhalt des Gleichnisses musste den ersten Hörern – den Jüngern Jesu – recht eigenwillig vorkommen. Aber sie vergaßen die Geschichte nicht. Nachdem sie einige Jahre im Aramäischen, der Sprache Jesu, weitererzählt worden war, kam sie zu hellenistischen Judenchristen, die für ihre griechische Übersetzung sorgten. Warum, wo und wie sie nur in einem kleinen Kreis aufbewahrt und bekannt blieb, bis sie schließlich in der Gemeinde des Evangelisten Matthäus Aufnahme fand, wissen wir nicht. Bevor wir uns ihr zuwenden, behandeln wir kurz die Frage, die ihr zugrunde liegt: die nach der Gerechtigkeit.

8.1 Die menschliche Gerechtigkeit

Ein Grundwissen über die Gerechtigkeit ist jedem Menschen angeboren. Jeder von uns weiß ohne Belehrung und auch ohne darüber nachgedacht zu haben, was es bedeutet, gerecht zu sein, und besonders, was es heißt, Gerechtigkeit oder Ungerechtigkeit erfahren zu haben. Griechische Denker bezeichneten die Gerechtigkeit im Altertum als „areté", eine natürliche Kraft des Menschen, die im Leben gepflegt und zur Entfaltung gebracht werden soll. Im Lateinischen wurde der Terminus mit „virtus" richtig übersetzt, um eben damit das Moment der

schon vorhandenen, aber noch nicht aktualisierten Macht aus-
zudrücken. Für viele von unseren Zeitgenossen bedeutet das
Wort „Tugend", womit „areté" übersetzt wurde, wahrscheinlich nicht viel, aber wenn es um die Gerechtigkeit geht, werden
alle aufmerksam.

Wir fragen hier nicht nach dem Wesen der Gerechtigkeit,
weil es zu endlosen Überlegungen führen würde, sondern nach
den Formen der Gerechtigkeit, die für uns im Alltag bedeutsam
sind, weil wir sie aktiv oder passiv erfahren.

Eine Spielart ist die Verteilungsgerechtigkeit, die „iustitia
distributiva". In ihrer einfachsten Form kommt diese Art der
Gerechtigkeit zur Geltung, wenn einer den gleichen Teil bekommt wie ein anderer. Hier wird vorausgesetzt, dass diese Ver-
teilung an sich gerecht ist. Als anschauliches Beispiel: Damit
niemand das größte Stück Kuchen für sich nimmt, beschließt
die Gruppe, dass alle Stücke gleich groß sind.

Weit wichtiger und für das Zusammenleben in der Welt
maßgebend ist die ausgleichende Gerechtigkeit bzw. Strafge-
rechtigkeit, die „iustitia retributiva". Einmal geht es im Bereich
frei getroffener Abmachungen um das angemessene Verhältnis
zwischen einer Leistung und der entsprechenden Entlohnung,
dann aber auch um Vergehen zwischen Individuen. Besonders
im gesellschaftlichen Bereich ist die Anwendung dieser Art von
Gerechtigkeit unerlässlich für den sozialen Frieden. Seit dem 18.
Jahrhundert war Europa der Schauplatz für heftige Auseinandersetzungen im Kampf um eine Gesellschaftsordnung, die
durch diese Gerechtigkeit bestimmt ist. Was heute in einigen
Ländern eine Selbstverständlichkeit – wenn auch unter vielerlei
Gefährdungen – geworden ist, bleibt in anderen ein fernes Ideal.

8.2 Die göttliche Gerechtigkeit

Ob Ausformungen der Gerechtigkeit Gott zugeschrieben werden, hängt vom jeweiligen Gottesbild ab.

In der griechischen Mythologie handeln die mächtigen Götter oft nicht nach den Forderungen der Gerechtigkeit. Sie erlauben sich ohne Bedenken, die Sterblichen zu täuschen, sie willkürlich zu bestrafen, sie in die Irre zu führen. Die Frage ist berechtigt: „Welcher Sterbliche wird der listigen Täuschung eines Gottes entkommen?" (Aischylos, Die Perser 107)

In der philosophischen Reflexion bezieht sich die Gerechtigkeit auf den Menschen und auf seine Pflichten gegenüber den anderen Menschen und Gott. Aber das Gute an sich im Platonismus oder der Unbewegte, der alles bewegt, der Peripatetiker, das sind Vorstellungen, die nicht in den Bereich der Tugenden gehören. Je abstrakter das Gottesbild wird, desto fremder wird ihm jede Form der Gerechtigkeit.

8.2.1 Der gerechte Gott und der gerechte Mensch

Die Frage nach der Gerechtigkeit Gottes im Zusammenhang seiner Beziehung zu den Menschen setzt ein Gottesbild voraus, demzufolge Gott sein Geheimnis in der Geschichte offenbart und dort auch wirkt. Diese besondere Qualität der Geschichte heißt in der theologischen Sprache „Heilsgeschichte", obwohl dabei anerkannt wird, dass in dieser „Heilsgeschichte" viel „Unheil" geschieht.

Gerecht ist der Herr auf all seinen Wegen und getreu in all seinen Werken (Ps 145,17). Das gläubige Bekenntnis zum *gerechten* Gott ist in der Erfahrung dieser Gerechtigkeit begründet, die sich *auf all seinen Wegen* und *in all seinen Werken* zeigt. Welt- und Glaubenserfahrung gehören zusammen. Der privilegierte Ort dieser Erfahrung bleibt jedoch der Mensch: *Denn gerecht ist der Herr, gerechte Taten liebt er. Redliche schauen sein Angesicht* (Ps 11,7). Der gerechte Gott liebt den gerechten Menschen, der seine Gerechtigkeit durch seine Taten kundtut.

In einem Verhältnis, das durch gegenseitige Gerechtigkeit gekennzeichnet ist, darf sich der Gläubige auf seinen göttlichen Partner verlassen: *Der Herr handelt gut an mir nach meiner Gerechtigkeit, vergalt mir nach der Reinheit meiner Hände* (Ps 18,21). Die Tatsache, dass der Mensch vor Gott die eigene Gerechtigkeit behaupten kann – dafür spricht die Reinheit seiner Hände –, gibt ihm das Recht, von Gott den gerechten Lohn zu erwarten. Schließlich muss auch Gott seine Gerechtigkeit erweisen. In der gleichen Logik wird der Gerechte so belohnt, wie der Frevler bestraft wird. Die Weisheitsliteratur wiederholt den Gedanken an vielen Stellen: *Wer in der Gerechtigkeit feststeht, erlangt das Leben, wer dem Bösen nachjagt, den Tod* (Spr 11,19). *Wird dem Gerechten vergolten auf der Erde, dann erst recht dem Frevler und Sünder* (Spr 11,31). Infrage gestellt wird diese strenge und einfache Logik erst dann, wenn ihr die Wirklichkeit zu widersprechen scheint, das heißt, wenn es dem Gerechten schlecht geht und dem Frevler gut. Wo bleibt dann die Gerechtigkeit Gottes?

8.2.2 Der gerechte Gott und die Erfahrung der Ungerechtigkeit

In der Weltliteratur gibt es wahrscheinlich keine so bittere Klage über das erfahrene Unrecht wie im Buch Ijob, weil der Angeklagte in diesem Fall Gott selbst ist. In der Erzählung erlaubt Gott dem Satan, Ijob, den vorbildlichen Gerechten, auf die Probe zu stellen. Ijob verliert seinen ganzen Besitz und stürzt in tiefes Elend. Drei Freunde kommen zu Besuch und halten nacheinander lange Reden vor ihm. Sie alle variieren dabei das traditionelle Thema der Gerechtigkeit Gottes: Der Herr ist gerecht und bestraft niemanden grundlos. Die Misere des Ijob ist die verdiente Bestrafung einer Sünde. Auch die Gegenreden Ijobs bringen immer wieder den gleichen Gedanken zum Ausdruck: Er ist unschuldig und sich keiner Sünde bewusst. Aber er bleibt nicht bei der Verteidigung und Beteuerung der eigenen Unschuld, sondern stellt Gott als den Verantwortlichen für sein Unglück hin. Die Schärfe seiner Anklage ist schwer zu überbieten:

> [7] *Jetzt aber hat er mich erschöpft. Den Kreis meiner Freunde hast du mir zerstört.* [8] *Du hast mich gepackt ...* [9] *Sein Zorn zerreißt, befehdet mich, knirscht gegen mich mit den Zähnen, mein Gegner schärft die Augen gegen mich ...* [11] *Gott gibt mich dem Bösen preis, in die Hände der Frevler stößt er mich ...* [17] *Doch kein Unrecht klebt an meinen Händen und mein Gebet ist lauter.* (Ijob 16,7–9.11.17)

Bei so klar definierten Grundpositionen versteht sich, dass die Gegensätze nicht überbrückt werden können. Das letzte Wort kann nur Gott sprechen, und er tut das in einer langen Rede (Ijob 38,1 – 40,2), die seine Erhabenheit über alle Geschöpfe herausstellt: *Wo warst du, als ich die Erde gegründet? Sag es denn, wenn du Bescheid weißt* (38,4). Die Botschaft ist deutlich. Als Teil der Schöpfung hat der Mensch kein Recht, die Entscheidungen und das Wirken Gottes in der Welt zu hinterfragen, und noch weniger, von seinem Schöpfer Rechenschaft darüber zu verlangen. Und Ijob versteht die Botschaft: *Siehe, ich bin zu gering. Was kann ich dir erwidern? Ich lege meine Hand auf meinen Mund. Einmal habe ich geredet, doch ich werde nicht antworten; ein zweites Mal, doch ich fahre nicht fort* (40,4–5). Konfrontiert mit der Erfahrung des Leides, das nicht als Bestrafung der Sünde gedeutet werden kann und daher die Frage nach der Gerechtigkeit Gottes stellt, wenn er große Ungerechtigkeit walten lässt, muss sich der Gläubige damit begnügen, den Schöpfer zu loben für seine unergründlichen Entscheidungen, ohne eine Erklärung zu verlangen. Die Gerechten werden nicht immer belohnt, und die Bösen nicht immer bestraft. Der allmächtige und gerechte Gott entzieht sich jedem Zweifel und jeder kritischen Frage. Der schweigsame Ijob mit der Hand vor seinem Mund ist das Bild, das am besten jede Antwort ersetzt.

8.3 Mt 20,1–16: Eine Geschichte der Gerechtigkeit?

Diese Vorüberlegungen dürften geeignete Voraussetzungen für das Verständnis von Mt 20,1–16 geschaffen haben. Die Erzählung spiegelt den Alltag wider. Jesus hat sicherlich jedes Jahr im September und Oktober die gleiche Szene beobachtet, als die Arbeiter in die Weinberge gingen, um die Trauben zu lesen.

Zu Beginn verläuft alles normal. Der Besitzer des Weinbergs beschäftigte einige Arbeiter, die ständig bei ihm blieben, aber in der Zeit der Weinlese – zwischen dem Ende des Sommers und dem Anfang des Herbsts – benötigte er mehr Leute, um die Arbeit vor der Regenzeit zu bewältigen. Die Tagelöhner versammelten sich auf dem Marktplatz in der Erwartung, eine Beschäftigung zu finden. Die Arbeitszeit betrug zwölf Stunden, vom Sonnenaufgang bis zum Sonnenuntergang, und der übliche

Tageslohn war ein Denar. Der Gutsbesitzer verhält sich diesen Vorgaben entsprechend, und früh am Morgen geht er hinaus zum Marktplatz: *Er einigte sich mit den Arbeitern auf einen Denar und schickte sie in seinen Weinberg* (Mt 20,2).

Warum er drei Stunden später noch einmal zum Marktplatz geht und mehr Arbeiter für seinen Weinberg holt, wird nicht berichtet. War die Ernte in diesem Jahr überdurchschnittlich gut, sodass mehr Arbeiter erforderlich waren, um die Trauben zu lesen? Das wäre denkbar. Recht ungewöhnlich ist jedoch der weitere Verlauf des Tages. Der Gutsbesitzer wiederholt alle drei Stunden die Suche nach mehr Arbeitern für seinen Weinberg: um 12 und um 15 Uhr. Zwei Stunden später, um 17 Uhr, also eine Stunde vor dem Ende des Arbeitstages, geht er zum letzten Mal hinaus und trifft wieder einige auf dem Marktplatz: *Was steht ihr hier den ganzen Tag untätig? Sie antworteten: Niemand hat uns angeworben. Da sagte er zu ihnen: Geht auch ihr in meinen Weinberg!* (20,6–7)

Die Szene mutet seltsam an. Die Tagelöhner haben tatsächlich den ganzen Tag verbracht, ohne etwas zu tun. Für sie und ihre Familien benötigen sie den Denar, der ihre Grundbedürfnisse decken kann, aber sie unternehmen nichts, um einen „Job" für den Tag zu bekommen. Waren sie faul oder nur zu stolz, um Arbeit zu suchen? Oder wirkt hier vielleicht eine Art orientalischer Mentalität, die diese Möglichkeiten einschließt, uns aber letztendlich fremd und unerklärlich bleibt? Die letzte Variante ist die wahrscheinlichere. Durch andere Quellen wissen wir, dass die Arbeitslosigkeit in Palästina zu jener Zeit hoch war. Die Angabe passt zu den vielen Unbeschäftigten, die am Ende der normalen Arbeitszeit keine Beschäftigung gefunden hatten. Auch der untreue Verwalter (Lk 16,1–8) fürchtet sich vor den Folgen einer Entlassung. Schwere Arbeit oder Betteln kommen für ihn nicht in Frage (Lk 16,3). Unter diesem Gesichtspunkt ist die wiederholte Suche nach neuen Arbeitern nachvollziehbar. Überraschend ist aber die Bezahlung.

Nach Sonnenuntergang beauftragt der Gutsbesitzer seinen Verwalter, den Arbeitern den Lohn zu bezahlen, mit der Besonderheit, er soll bei den Letzten anfangen bis hin zu den ersten (Mt 20,8). Diese Einzelheit erreicht die in der Erzählung beabsichtigte Wirkung. Die Arbeiter, die zwölf Stunden lang gearbeitet haben, können beobachten, dass die Arbeiter, die erst um 17 Uhr ankamen, einen Denar erhalten. Daher hoffen sie, mehr zu bekommen. Aber ihre Erwartung wird enttäuscht. Auch sie bekommen nur einen Denar. Dass sie nun über den Gutsherrn murren, ist gut verständlich: *Diese Letzten haben nur eine Stunde gearbeitet und du hast sie uns gleichgestellt. Wir aber haben die Last des Tages und die Hitze ertragen* (20,12). Die Kritik ist sachlich begründet, aber nur zum Teil zutreffend.

Die ersten Arbeiter haben insofern Recht, als sie für die zwölf Stunden denselben Lohn bekommen wie jene, die nur eine Stunde gearbeitet haben. Das ist in ihren Augen ungerecht. Nach den Regeln der ausgleichenden Gerechtigkeit gerät so das Verhältnis zwischen Leistung und Belohnung in ein Ungleichgewicht. Das Problem besteht aber darin, dass der Besitzer des Weinbergs mit ihnen den üblichen Lohn – einen Denar – vereinbart hat; und das ist sein Argument: *Freund, dir geschieht kein Unrecht. Hast du nicht einen Denar mit mir vereinbart?* (20,13) Wenn er allen das Gleiche bezahlt, zeigt er sich unerwartet großzügig und bereit, mehr Geld auszugeben als das Notwendige, aber das ist seine freie Entscheidung. In seiner Antwort betont er seinen Willen, dementsprechend zu handeln: *Ich will dem Letzten ebenso viel geben wie dir. Darf ich mit dem, was mir gehört, nicht tun, was ich will?* (20,14–15)

Die letzte Aussage: *So werden die Letzten Erste sein und die Ersten Letzte* (20,16) ist eine Floskel (vgl. Mt 19,30; Mk 10,31; Lk 13,30), die den unerwarteten Schluss betont. In diesem Fall haben die letzten Arbeiter, die nur eine Stunde gearbeitet haben, zuerst den Lohn empfangen, aber das Wort kann auch ohne einen direkten Bezug auf den Inhalt der Erzählung verstanden werden, wie die Parallelen zeigen.

Das Gleichnis hat ein offenes Ende. Wie reagieren die Arbeiter der „ersten Stunde", die ihre Unzufriedenheit geäußert haben, auf die Worte des Gutsherrn? Konnte seine letzte Frage: *Oder ist dein Auge böse, weil ich gut bin?* (20,15) zum Nachdenken über die eigene Haltung bringen, oder hat sie nur ihren Eindruck verstärkt, ungerecht behandelt worden zu sein? Konnten sie sich darüber freuen, dass die unbegreifliche Großzügigkeit des Weinbergsbesitzers den anderen Arbeitslosen den Lebensunterhalt wenigstens für diesen Tag gesichert hat? – Wie in den anderen Geschichten mit einem offenen Schluss – etwa der Geschichte vom barmherzigen Vater in Lk 15,11–32 – wird darüber nichts gesagt. Das Nachdenken über die eine oder die andere Möglichkeit ist Aufgabe des Hörers bzw. des Lesers der Geschichte.

8.4 Jesus und die Gerechtigkeit

Das Gleichnis von den Arbeitern im Weinberg ist realistisch. Jesus hat wahrscheinlich nie eine solche Arbeit geleistet, aber er musste nicht die Erfahrung eines Tagelöhners machen, um von den Anstrengungen einer zwölfstündigen Beschäftigung in einem Weinberg zu wissen. Ende September macht sich die Hitze in den Mittagsstunden besonders bemerkbar; ebenso kannte er die normale Entlohnung der Arbeiter. Auf diesen Angaben baut die Erzählung auf.

Explizit wird der Lohn nur mit den Arbeitern der ersten Stunde vereinbart. Denen gegenüber, die drei Stunden später in den Weinberg gehen, kündigt der Gutsherr nur an, er werde ihnen geben, was recht ist (Mt 20,4). Von einem Denar ist nicht die Rede. Auch nicht bei den noch später angeworbenen Tagelöhnern. Haben sie gehofft, wie die ersten einen Denar zu bekommen? Waren sie am Ende überrascht, einen Lohn zu bekommen, die ihrer Arbeit nicht angemessen war? Gerade bei den Arbeitern der elften Stunde kann man damit rechnen. Aber der Text gibt keinerlei Antwort auf diese Fragen.

Jesus will jedoch nicht die ausgleichende Gerechtigkeit, die sich im adäquaten Verhältnis von Leistung und Belohnung äußert, abschaffen. Die Struktur der Erzählung zeigt aber, dass er auf eine andere Art von Gerechtigkeit hinweisen will. So erklärt sich das merkwürdige Verhalten des Gutsherrn, der alle drei Stunden neue Arbeiter sucht und beschäftigt. Wenn er von vornherein weiß, dass am Ende alle den gleichen Lohn bekommen werden, dann weiß er auch, dass er nicht nach den Regeln der ausgleichenden Gerechtigkeit handelt. Das interessiert ihn offensichtlich nicht. Wie er selbst sagt, kann er mit seinem Geld tun, was er will (20,15). Aber seine Entscheidung, allen den gleichen Lohn zu zahlen, ist kein Zeichen von Willkür, dass ein reicher Mensch sich Dinge erlauben kann, die für die anderen nicht in Frage kommen. Vielmehr kommt damit eine Gerechtigkeit zum Vorschein, die man als „rettende Gerechtigkeit" bezeichnen könnte. Grundsätzlich und existentiell gilt sie den Arbeitslosen und ihren Familien, die keinen Anspruch auf einen Denar haben. Der dezidierte Wille des Herrn, über sein Geld so zu verfügen, wie er es tut, rettet sie aus der Not. Aber die frei erfundene Geschichte hat eine noch tiefere Bedeutung.

Die Einheit Mt 20,1–16 steht isoliert im Kontext, nach dem Wort über die Nachfolge (19,29–30) und vor der dritten Leidensankündigung (20,17–19). Es fehlt jeder Hinweis auf die Adressaten der Erzählung. Die Struktur der Geschichte ermöglicht jedoch eine hypothetische Rekonstruktion. Die Enttäuschung der Arbeiter der ersten Stunde angesichts der großzügigen Belohnung jener, die nicht die vollen zwölf Stunden gearbeitet haben, offenbart deren Überzeugung, dass die ausgleichende Gerechtigkeit die einzige ist, die eine gerechte Entscheidung ermöglicht. Wie in der Geschichte vom Pharisäer und Zöllner im Tempel sind die ersten Adressaten auch hier Menschen, *die von ihrer eigenen Gerechtigkeit überzeugt waren* (Lk 16,9). Jesus will ihnen klarmachen, dass es eine andere Gerechtigkeit gibt, die nicht auf das angemessene Verhältnis von Leistung und Belohnung schaut, sondern frei, kreativ und überraschend das Leben des Menschen schützt und fördert. Auf die Lage dieser „Gerechten" übertragen heißt das: Wenn sie immer fromm und gerecht Gott gedient haben, werden sie ihre Belohnung bekommen, aber sie müssen auch wissen, dass Gott in seiner Güte menschliche Maßstäbe und Berechnungen übersteigt und sich dadurch nicht einschränken lässt. Darin erweist Gott seine Gerechtigkeit. Die bedingungslose Offenheit Jesu gegenüber den Sündern ist nur das konkrete Zeichen dieser Gerechtigkeit. Hinter der Empörung der Frommen über seine Haltung (vgl. Lk 15,1–2) steht die irrige Überzeugung, Gott sei so klein wie ihre Herzen.

8.5 Die Arbeiter der elften Stunde

Bei vielen frei erfundenen Geschichten kann der Leser ein zugrunde liegendes Rollenspiel entdecken, an dem verschiedene Akteure auf der Bühne der Erzählung teilnehmen. Entscheidend ist nun, ob er als Leser, der die Geschichte nur aus der Distanz betrachtet (hört oder liest), sich von ihr berühren lässt, sich auf sie einlässt und sich von ihr mitnehmen lässt. In diesem Fall ist er nicht mehr Leser, sondern Mitspieler.

Jeder von uns kann die Geschichte von den Arbeitern im Weinberg aus verschiedenen Perspektiven lesen und verstehen. Möglich wäre es auch, dass wir uns in verschiedenen Rollen in der Erzählung wiederfinden. Warum sollten wir uns nicht in den Arbeitern der ersten Stunde wiedererkennen, die nach einem langen und anstrengenden Arbeitstag ihren verdienten Lohn erwarten? Oder auch in den anderen, die später aufgefordert wurden, im Weinberg des Herrn zu arbeiten. Die Grundfrage wäre immer: Wie würden wir im jeweiligen Fall reagieren, wenn wir feststellten, dass der Herr allen den gleichen Lohn bezahlt?

Von diesen Möglichkeiten abgesehen dürfte die Intentionalität der Erzählung darauf ausgerichtet sein, dass sich der Leser in den Arbeitern der elften Stunde wiederfindet. Auch wenn er zwölf Stunden hart gearbeitet hat, darf er sich nicht auf seine Leistung berufen, um auf seinen Lohn zu pochen. Auch sein treuer Dienst war unverdiente Gnade. Mit den Worten Jesu:

Wenn ihr alles getan habt, was euch befohlen wurde, sollt ihr sagen: Wir sind unnütze Knechte; wir haben nur unsere Schuldigkeit getan. (Lk 17,10)

9 Der Herr kommt ..., aber er lässt sich Zeit

Am Ende des Kirchenjahres hören wir in der Sonntagsmesse im Lesejahr A den Abschnitt Mt 25,1–13: das Gleichnis von den klugen und den törichten Jungfrauen. Der liturgische Hintergrund stimmt diesmal mit der Struktur des Evangeliums überein: einerseits das Ende des Kirchenjahres, andererseits der Schlussteil des Evangeliums, denn Mt 25 gehört zur sogenannten eschatologischen Rede in Mt 24/25. Danach kommen die Leidensgeschichte (Mt 26/27) und die Erzählungen vom Gang der Frauen zum Grab Jesu sowie von den Erscheinungen des Auferstandenen (Mt 28).

Mit großer Freiheit erweitert der Evangelist seine Vorlage. In diesem Fall ist dies die eschatologische Rede in Mk 13 mit der Beschreibung der Zerstörung des Tempels, des Weltendes und der Wiederkehr des Menschensohnes (vgl. Lk 17,22–37), die Mt 24 zugrunde liegen. Hierzu fügt er drei Abschnitte an: das Gleichnis von den zehn Jungfrauen (Mt 25,1–13), das Gleichnis vom anvertrauten Geld (25,14–30) und die Rede vom Endgericht (25,31–46). Aus dieser ausführlichen Ergänzung wird deutlich, wie wichtig dem Evangelisten die Frage der Endereignisse war. Es ging ihm nicht so sehr um eine möglichst genaue Beschreibung der Geschehnisse, sondern vielmehr um ihre Bedeutung für die Gegenwart der Gläubigen. Sie steht im Fokus der Erzählung von den zehn Jungfrauen, die wir im Folgenden betrachten wollen.

9.1 Das Gleichnis von den zehn Jungfrauen (Mt 25,1–13)

Möglicherweise ist uns die allegorische Erklärung dieses merkwürdigen Gleichnisses bekannt. In der Übertragung der Bilder auf die entsprechende Sachebene wird der Bräutigam mit dem in der Parusie wiederkommenden Herrn gleichgesetzt. Die zehn Jungfrauen verkörpern die christlichen Gemeinden, die auf ihn warten, die aber nicht immer richtig vorbereitet sind, und schließlich zum endzeitlichen Gastmahl zugelassen werden und gemeinsam mit dem Herrn feiern – oder aber für immer ausgeschlossen bleiben.

Wenngleich diese Deutung in der Alten Kirche sehr verbreitet war und noch heute ab und zu zur Sprache kommt, lässt sich nicht bestreiten, dass Jesus das Gleichnis nicht in dieser Form gemeint hat. Wer hätte ihn verstanden, wenn er die Geschichte im dargestellten allegorischen Sinn aufgefasst hätte? Geht man davon aus, dass die Erzählung wesentlich auf Jesus zurückgeht, dann ist es legitim, nach ihrer Bedeutung in seinem Sinn zu fragen. Was wollte Jesus seinen Zuhörern mit diesem Gleichnis sagen?

Auf diese Frage gibt es keine schnelle und einfache Antwort, und jede vorgeschlagene Deutung wird für sich eine gewisse Plausibilität je nach ihrer argumentativen Konsistenz beanspruchen, aber nicht mehr als dies. Die Schwierigkeiten hängen nicht zuletzt mit dem Thema der Erzählung zusammen, besonders mit den kulturellen Eigentümlichkeiten einer feierlichen Hochzeit im Orient vor 2000 Jahren. Was lässt sich noch rekonstruieren? Sind die zehn Jungfrauen, die auf den Bräutigam warten, in einen historischen Rahmen einzuordnen, oder ist die Geschichte eine große Fiktion ohne Anhaltspunkt in der historischen Wirklichkeit?

9.2 Der historische Hintergrund

Die heutige Forschung neigt dazu, einen historischen Hintergrund anzunehmen, auch wenn es nicht mehr möglich ist, die Züge einer Hochzeitsfeierlichkeit in Palästina in der damaligen Zeit mit Sicherheit zu rekonstruieren. Manche Zeugnisse sind erst im 19. Jahrhundert belegt, aber es überrascht die Übereinstimmung mit den Angaben, die man dem Gleichnis entnehmen kann. Es war damals offensichtlich üblich, dass die Braut im Haus der Familie des Bräutigams auf seine Ankunft wartete. Der junge Mann konnte sich verspäten, weil er mit seinen Freunden noch eigens feiern wollte oder weil er mit dem Vater der Braut noch Einzelheiten zur Übernahme des Mädchens klären wollte. Wer wird einem orientalischen Bräutigam übelnehmen, wenn er sich gerade in seiner Hochzeitsnacht verspätet?

Der Einzug in das Haus war feierlich inszeniert, und dazu gehörten die Freundinnen der Braut, die den Bräutigam draußen zu empfangen hatten, um ihn in den Raum zu begleiten, wo das Fest stattfinden sollte. So weit die Details, die man als wahrscheinlich annehmen kann.

Die Handlung konzentriert sich auf die zehn Jungfrauen, die auf den Bräutigam warten. Von den anderen Personen, die an jeder Hochzeit beteiligt sind, spielt nur der Bräutigam eine wichtige Rolle, weil er durch seine Verspätung den Ablauf der Ereignisse beeinflusst. Als er endlich auf der Bühne erscheint, ist das Gleichnis kurz vor dem Ende. Die Braut und andere eingeladene Gäste werden vorausgesetzt, aber nicht erwähnt.

Entscheidend für das Verständnis der Erzählung ist die Tatsache, dass die zehn Mädchen von vornherein in zwei Gruppen eingeteilt werden, und dass der Grund für diese Einteilung unmissverständlich angegeben wird. Fünf von ihnen sind töricht, weil sie ihre Lampen nehmen, aber kein zusätzliches Öl in Krügen mitführen. Die anderen fünf sind klug, weil sie außer ihren Lampen auch Öl in Krügen mitnehmen.

Warum haben die klugen Jungfrauen Öl auf Vorrat mitgenommen? Die Antwort ist einfach: Weil sie mit der Verspätung des Bräutigams gerechnet haben und zu Recht annahmen, dass das Öl in ihren Lampen nicht ausreichen würde, um die Flamme lange Zeit brennen zu lassen.

Was sodann geschieht, bestätigt die Richtigkeit ihrer Annahme: Der Bräutigam erscheint nicht, die Zeit vergeht, und alle Jungfrauen werden müde und schlafen ein. Als endlich mitten in der Nacht ein lauter Ruf das Kommen des Bräutigams ankündigt, sind alle Lampen fast erloschen. Mit dem Öl aus ihren Krügen richten die klugen Jungfrauen sie wieder her, aber sie sind nicht bereit, ihr Öl mit den törichten Jungfrauen zu teilen – aus Furcht, am Ende könnte es weder für sie noch für die anderen reichen. Ihre Empfehlung an die törichten Jungfrauen, sie sollten zu den Händlern gehen und Öl kaufen, klingt wenig glaubwürdig. So spät in der Nacht hätten sie niemanden auf den Straßen angetroffen. Dennoch folgen sie dem Rat und machen sich auf den Weg.

Das Detail ist wichtig für das Verständnis der Erzählung. Gerade weil die fünf Jungfrauen die Szene verlassen, können die anderen fünf gemeinsam mit dem Bräutigam in den Festsaal eintreten. Da die Tür zugeschlossen wird, ist der Raum nicht mehr zugänglich. Die anderen Jungfrauen haben anscheinend Öl kaufen können, denn sie sind draußen und begehren Einlass, aber der Herr – etwa der Bräutigam? – reagiert abweisend auf ihre Bitte, sie in den Saal hineinzulassen: *Ich kenne euch nicht* (Mt 25,12).

Wie so oft in den Gleichnissen Jesu finden wir auch hier bestimmte Komponenten, die zum Reiz der Erzählung beitragen:

die besondere Atmosphäre eines Hochzeitsfestes, das Verhalten der Hauptpersonen, die Nebensächlichkeiten, die sich plötzlich als wichtig erweisen, und nicht zuletzt: die Frage nach der Bedeutung und nach der Absicht des Erzählers und Schöpfers der Geschichte.

Die Aufforderung am Schluss der Erzählung: *Seid also wachsam! Denn ihr wisst weder den Tag noch die Stunde* (25,13), könnte den Eindruck erwecken, das Gleichnis sei eine Ermahnung zur Wachsamkeit. Aber der Inhalt der Geschichte weist in eine andere Richtung, denn alle zehn Jungfrauen schlafen ein. Keine von ihnen bleibt wachsam bis zur Ankunft des Bräutigams.

Zwar könnte man bei den fünf klugen Jungfrauen von Wachsamkeit reden, weil sie ja mit der Verspätung des Bräutigams gerechnet haben, aber nicht, weil sie auf Schlaf verzichtet hätten. Auch die Weigerung der Klugen, ihr Öl mit den törichten Jungfrauen zu teilen, darf nicht negativ ausgelegt werden. Es geht nicht um mangelnde Hilfsbereitschaft, sondern um erzählerische Konsequenz. Hätten sich die Jungfrauen, die vorgesorgt haben, den anderen gegenüber großzügig gezeigt, müssten wir mit einem anderen Verlauf rechnen, und zwar mit dem Einzug aller zehn Jungfrauen gemeinsam mit dem Bräutigam in den Saal. Damit hätten wir ein echtes Happy End, aber der Preis dafür wäre hoch: Die Erzählung hätte ihre Pointe verloren. Denn in der Logik der Erzählung „verdienen" die törichten Jungfrauen ihre Strafe so wie die klugen ihre Belohnung.

9.3 Versuch einer Deutung

Zwei Fragen stellen sich in diesem Zusammenhang:

9.3.1 Was wollte Jesus mit diesem Gleichnis seinen Jüngern sagen?

Bei der Antwort gehen wir von einer sicheren Beobachtung aus: Von den zehn Jungfrauen werden fünf als klug bezeichnet, weil sie mit der Verspätung des Bräutigams rechnen. Es geht also um die Zeit, präziser um den Umgang mit der Zeit in unserer Welt. Jesus hat die heranbrechende Nähe der Königsherrschaft Gottes verkündet. An eine solche Ankündigung schließt sich die Frage an: Und wann wird das geschehen? Lässt sich die Nähe des Endes zeitlich irgendwie bestimmen?

In diesem Fall lässt sich das Gleichnis als eine Antwort auf eben diese Frage verstehen. Bei aller akuten und realen Naherwartung darf der Gläubige nicht vergessen, dass die Gottesherrschaft zunächst Sache Gottes ist. Der Gläubige soll sich nicht einbilden, er könne berechnen, wann und wie das Ende kommen wird.

Die Verkündigung Jesu von der kommenden Gottesherrschaft war durch „reale" Naherwartung geprägt. Über die Historizität von manchen Worten Jesu wird man streiten dürfen, aber insgesamt weisen sie auf eine Grundhaltung hin, die nicht erst in christlichen Kreisen entstanden ist. Es sind folgende Worte: *Ihr werdet nicht zu Ende kommen mit den Städten Israels, bis der Menschensohn kommt* (Mt 10,23) – gerichtet an die Jünger in der Gefahr der Verfolgungen; *von denen, die hier stehen, werden einige den Tod nicht schmecken, bis sie gesehen haben, dass das Reich Gottes in Macht kommt* (Mk 9,1); *Amen, ich sage euch: Ich werde nicht mehr von der Frucht des Weinstocks trinken bis zu dem Tag, an dem ich von Neuem davon trinke im Reich Gottes* (Mk 14,25).

„Reale" Naherwartung bedeutet in diesem Zusammenhang die feste Annahme, dass etwas bald eintreten wird, worin eine Erwartungshaltung hervortritt. Es handelt sich nicht um eine Vorstellung, die jederzeit ausgedrückt werden kann, weil sie für wahr gehalten wird, die aber mit keiner konkreten Haltung verbunden ist. Wir können jeden Tag „Marána thá" – „Unser Herr, komm!" – beten oder singen, und gelassen an unsere Projekte in der Zukunft denken. Für Jesus und viele seiner Zeitgenossen hingegen gehörte die Erwartung von einem baldigen Ende der Welt durch den Anbruch der Gottesherrschaft zu einem Weltbild apokalyptischer Prägung, das durch die Brüchigkeit des Kosmos und die Allmacht Gottes bestimmt war.

Wenn der geschilderte Rahmen den Hintergrund bildet, in den das Gleichnis von den zehn Jungfrauen eingeordnet werden soll, dann lässt sich die Absicht Jesu in etwa so skizzieren: Die Botschaft von der Nähe der Gottesherrschaft, die das Zentrum der Verkündigung Jesu bildet, ist von einer zeitlichen Komponente begleitet, die nicht weggedeutet werden kann. Auch Jesus war ein Kind seiner Zeit, und das schließt den Einfluss apokalyptischen Denkens mit ein. Aber er war kein Apokalyptiker schlechthin. Aufs Ganze gesehen ist seine Botschaft nicht von düsteren Bildern der Zerstörung und Bestrafung oder durch Berechnungen über den Zeitpunkt des Endes beherrscht, sondern durch seine Verkündigung Gottes als desjenigen, der seine Macht in der Rettung des Menschen aus seiner Verlorenheit offenbart. Die Geschichte von den zehn Jungfrauen baut auf der Gewissheit auf, dass der Bräutigam kommt, und zwar nicht „irgendwann", in einer fernen Zukunft, sondern bald, damit das

Hochzeitsfest beginnen kann; aber wiederum nicht so bald, dass sein Erscheinen als unmittelbar bevorstehend kalkulierbar wäre. Die wartenden Mädchen vermögen die Freiheit des Bräutigams nicht so zu beeinflussen, dass er sich ihren Wünschen und Vorstellungen unterwirft. Im Gleichnis weist Jesus auf das sichere Kommen der Gottesherrschaft hin, aber zugleich warnt er seine Jünger davor, sich der Illusion hinzugeben, über den Zeitpunkt mehr zu wissen als das, was die Hoffnung offenlegt.

Ein vielleicht noch deutlicheres Beispiel für das richtige Verständnis des Gleichnisses bieten die von Paulus gegründeten Gemeinden, die die Naherwartung des Apostels teilten und dennoch in der Zeit der „Verspätung" der Parusie ihre Verantwortung für den Glauben in der Welt voll übernahmen. Paulus selbst lebt in dieser Erwartung: *Wir, die Lebenden, die noch übrig sind bei der Ankunft des Herrn, werden den Entschlafenen nichts voraushaben* (1 Thess 4,15). Er bezeugt aber auch, dass es durchaus möglich ist, die Vorläufigkeit dieser Welt wahrzunehmen – *Die Zeit ist kurz* (1 Kor 7,29); *die Gestalt dieser Welt vergeht* (1 Kor 7,31) – und gleichzeitig die Zeit des Lebens so intensiv wie möglich zu nutzen. Die Mission unter den Heiden, die Gründung christlicher Gemeinden, die Organisation der Kollekte für die Bedürftigen in Jerusalem, die Pläne zu weiteren Missionsgebieten sind zusätzliche Beweise für seine Lebenshaltung. Vor diesem Hintergrund würden demnach Paulus und seine Gemeinden den klugen Jungfrauen entsprechen, die auf den Bräutigam warten, aber auch mit einer möglichen Verspätung rechnen. Die Wartezeit ist jene Zeit, in der die Christen ihre Verantwortung für die Bewahrung des Glaubens und seine Weitergabe an die Heiden wahrnehmen.

9.3.2 Was kann die Erzählung uns heute sagen?

Beim Hören des Gleichnisses von den zehn Jungfrauen müssen wir zugeben, dass uns dabei vieles fremd vorkommt. Aber die eigentliche Fremdheit betrifft nicht die der Sitten und überhaupt das Lokalkolorit der Erzählung, sondern das vorausgesetzte Welt- und Zeitverständnis. Für uns gehört die Naherwartung in ein altes Kapitel der Kirchengeschichte, das wir vielleicht noch in Erinnerung haben, das uns aber nicht persönlich beschäftigt. In unserem Alltag planen wir, und werden auch verplant, ohne dass uns das große Sorgen bereitete. Das gehört zur Wirklichkeit des Lebens, und dieser Wirklichkeit müssen wir uns stellen.

Nach mehr als 2000 Jahren Weltgeschichte wissen wir, dass die Naherwartung der ersten Christen ein zeitbedingtes Phänomen war. Es ist gut, wenn wir versuchen, das zu verstehen, aber es wäre wenig hilfreich zu glauben, es bleibe auch für uns ein echtes Problem. Die Naherwartung hat mit einem Weltbild zu tun, das endgültig vergangen ist. Wenn unser Planet zerstört wird, dann nicht, weil Gott ihm aus welchem Grund auch immer ein Ende setzt, sondern weil die Menschheit inzwischen über ein solches Zerstörungspotential verfügt, dass sie imstande ist, das Leben hier zum Erlöschen zu bringen.

Ist die Frage nach dem Zeitpunkt der Parusie für uns also nicht mehr aktuell, verhält es sich mit der Frage nach der Lebenszeit anders. Gemeint ist nicht die Zeit als philosophische Frage oder die Zeit der anderen. Gemeint ist die Zeit unseres Lebens, so wie wir sie erleben. Wenn wir auf die vergangene Zeit zurückschauen – und das wird besonders deutlich, wenn wir schon eine lange Zeit gelebt haben –, wird uns bewusst, dass unsere Lebens- und Zeiterfahrung untrennbar miteinander verbunden ist. Die oft wiederkehrende Aussage: „Ich habe keine Zeit" lässt sich leicht widerlegen. Zeit ist das Einzige, was wir haben oder gehabt haben. Es gehört zur Eigentümlichkeit der Zeiterfahrung die Tatsache, dass die Vergangenheit nie vollständig vergeht. In unterschiedlichen Formen bleibt sie gegenwärtig: als belastende, bedrückende Erinnerung, als beglückender Verweis auf erfüllte Episoden in unserer Lebensgeschichte oder in anderen Varianten. Auch wenn vieles vergessen oder verdrängt wurde, gehört diese vergangene Zeit zu unserer Gegenwart.

In einer kurzen Erzählung eines lateinamerikanischen Schriftstellers geht es um einen alten Mann, der sich im Spiegel anschaut. Er betrachtet aufmerksam die Falten und die Konturen seines Gesichtes. Auf einmal entdeckt er, dass all diese Linien die Straßen von Städten, die Landschaften mit ihren Bergen und Flüssen in vielen Ländern, die langen Wege, die er in seinem Leben gegangen ist, wie in einer einmaligen und seltsamen Landkarte widerspiegeln. Er kann sich nicht verbergen. Sein Leben trägt er in seinem Gesicht eingezeichnet.

Objektiv gesehen, mag die Erzählung eine Übertreibung sein; kein Gesicht ist so transparent, das es die Geschichte eines Menschen zeigen kann. Aber auch in der Übertreibung lässt sich eine Wahrheit wahrnehmen. Abgesehen davon, dass unser Gesicht mehr über uns selbst verrät, als uns lieb ist, fließen in unserer Gegenwart viele Ströme unserer Vergangenheit zusammen, die die Züge unserer gegenwärtigen Gestalt mitbestimmen. Die Zeit unseres Lebens, das sind wir.

Das Gleichnis lehrt uns, die Zeit unseres Lebens richtig einzuschätzen. Wie Kohelet sagte: *Für jedes Geschehen unter dem Himmel gibt es eine bestimmte Zeit* (Koh 3,1). Es gilt nun, diese Zeit zu erkennen. Wenn es eine Weisheit der Alten gibt, dann die, dass sie aus ihrer langen Geschichte etwas lernen können; und inzwischen wissen sie – wahrscheinlich auch durch viele Irrwege –, wie kostbar die Zeit des Lebens ist und wie man mit ihr umgehen soll. Dem Traum der ewigen Jugend nachzujagen, wirkt in der Regel lächerlich oder gar traurig. Aber auch die Jugend, die ihre Frische und Kraft aus welchem Grund auch immer früh verloren hat, kann ein deprimierendes Bild bieten.

Zur Weisheit der Alten gehört auch die Erkenntnis, dass die Zeit des Lebens nicht ein Kontinuum bildet, das durch Regelmäßigkeit bestimmt ist. Jeder weiß um die Höhen und Tiefen, um die „Hoch-Zeiten", aber auch um die „totgeschlagene Zeit", oder, wie der Kohelet sagt: *Es gibt eine Zeit zum Weinen und eine Zeit zum Lachen, eine Zeit für die Klage und eine Zeit für den Tanz* (Koh 3,4). Dass aber die Lebenszeit mit all ihren gegensätzlichen Bewegungen und Spannungen kein neutraler Raum ist, sondern durch eine positive Vorgabe gekennzeichnet ist, werden wir im nächsten Kapitel bedenken. Hier genügt es, an ein Wort der Psalmen zu erinnern, das – auch und gerade weil es mit dem Gleichnis von den zehn Jungfrauen nichts zu tun hat – uns helfen kann, den Sinn der Erzählung zu verstehen. Ps 31 ist eine Klage aus dem Mund eines Beters, der unerschütterlich darauf vertraut, Hilfe von Gott zu erfahren, auch wenn er sich bedrängt und gefährdet fühlt. Darum kann er bekennen: *In deine Hände lege ich voll Vertrauen meinen Geist* (Ps 31,6). Der gleiche Beter wird später sagen: *In deiner Hand stehen meine Zeiten* (Ps 31,16). In vielen Übersetzungen erscheint die Singularform „meine Zeit". Der Originaltext bezeugt aber den Plural und meint damit die vielfältigen Formen, in denen sich das Leben in der Zeit zeigt. Denken wir an die Worte des Kohelet. So oder so kommt die Wahrheit des Gleichnisses zum Vorschein: Wir dürfen das Geschenk der Zeit annehmen, weil Gott in Christus – dem Immanuel – in unserer Mitte bleibt, und weil all unsere Zeiten – die guten und die schlechten – in seiner Hand stehen.

10 Das Leben als großes Geschenk

Wie mehrfach gesehen, kann man über die Phantasie Jesu, die sich uns in seinen frei erfundenen Geschichten und Gleichnissen mitteilt, nur staunen. Ebenso überraschend ist der durchgängig „weltliche" Charakter der Inhalte. Das fällt erst dann richtig auf, wenn man die Absicht Jesu beachtet, die er verfolgte, als er seinen Jüngern die Früchte seiner Kreativität und Sprachbegabung mitteilte. Er wollte sie nicht mit ungewöhnlichen Geschichten unterhalten, noch tat er dies aus orientalischer Erzählfreude. Es ging ihm um etwas weit Wichtigeres: die Verkündigung der Nähe der Gottesherrschaft, schon gegenwärtig in seiner Gestalt, aber unmittelbar vor ihrem vollen Offenbarwerden in der Welt.

Das Bildmaterial der Erzählungen reicht von der Regelmäßigkeit im Alltag, wie bei allen Wachstumsgleichnissen, bis hin zu den Geschichten mit ungewöhnlichen Zügen, die mit dem normalen Leben wenig zu tun haben, wie in den Gleichnissen vom untreuen Verwalter, von den Arbeitern im Weinberg, von den bösen Winzern usw. Drei Merkmale sind dabei auffällig:

(1) Die Berufserfahrung Jesu vor seinem öffentlichen Auftreten hat ihn kaum geprägt. Es gibt Erzählungen aus der Welt der Bauern, Händler, Fischer, Winzer und Hirten, aber es wird kein Handwerker, wie etwa ein Zimmermann oder ein Schmied, erwähnt.

(2) Geld spielt oft eine wichtige Rolle: die arme Frau, die eine Drachme verliert; der Sohn, der seinen Erbteil verlangt; der untreue Verwalter; die Arbeiter im Weinberg; die zwei ungleichen Schuldner; die anvertrauten Talente bzw. Minen.

(3) Die Akteure der Erzählungen vertreten alle Gesellschaftsschichten: von Königen, Grundbesitzern und reichen Bauern bis hin zu einfachen Dienern, Tagelöhnern und Bettlern.

Die Sprache Jesu war konkret und anschaulich, und seine Hörer konnten sich problemlos in die Situationen versetzen, die ihnen seine Erzählungen und Gleichnisse vor Augen führten. – Die Erzählung Mt 25,14–30, die uns im Folgenden beschäftigt, bestätigt diese Beobachtungen.

10.1 Ein reicher Mann, der auf Reisen ging

10.1.1 Zwei Geschichten. Variationen über das gleiche Thema

Das Thema ist nicht außergewöhnlich: Ein reicher Mann unternimmt eine Reise und erteilt seinen Dienern Aufträge für die Zeit seiner Abwesenheit. Überraschend ist nicht der Vorgang an sich, sondern die Art der Aufträge. – Die gleiche Erzählung kommt in zwei Fassungen vor:

(1) Nach Lk 19,12–27 verteilt der Mann zehn Minen unter zehn Diener mit der Aufforderung, sie sollen damit Geschäfte machen. Eine Mine entsprach hundert Drachmen bzw. Denaren. Nach heutiger Währung erhält jeder Diener etwa 10.000 €. Geldsummen sind immer relativ, je nachdem, welchen Maßstab man angelegt. In diesem Fall handelt es sich nicht um ein großes Vermögen, aber auch nicht um einen Bagatellbetrag. – Bei Lukas vermischen sich anscheinend zwei Traditionen, denn zur Rechenschaft nach der Rückkehr des reichen Mannes erscheinen nur drei Diener, wie in der Fassung im MtEv (s. u.). Alle haben den gleichen Betrag erhalten, aber jeder von ihnen erzielt unterschiedliche Erträge je nach der eigenen Tüchtigkeit.

(2) Nach Mt 25,14–30 verteilt der reiche Mann vor seiner Abreise sein Vermögen. Einem Diener gibt er fünf Talente Silbergeld, einem zweiten zwei Talente, einem dritten ein Talent. Nach unserer Umrechnung in Euro bekommt der erste Diener 3 Millionen € (1 Talent = 6.000 Denare; 1 Denar = 100 €; 1 Talent = 600.000 €; 5 Talente = 3.000.000 €), dem zweite Diener wurden 1,2 Millionen € anvertraut, der dritte Diener schließlich erhält 600.000 €.

Die Unterschiede zwischen beiden Fassungen sind leicht erkennbar:

– Im Vergleich mit den in der matthäischen Fassung genannten Geldsummen sind die 10.000 €, die der reiche Mann der lukanischen Erzählung jedem seiner Diener übergibt, eine moderate Summe, die auf weitgehend normale Verhältnisse schließen lässt. In der Geschichte des MtEv ist der Mann ein Millionär mit einem erstaunlichen Vertrauen in die Ehrlichkeit und Tüchtigkeit seiner Diener, wenn er ihnen so viel Geld anvertraut.

– Wichtiger aber ist der Unterschied bei der zu erbringenden Leistung. Die zehn bzw. drei Diener der lukanischen Geschichte haben eine Mine zur Verfügung. Es kommt nun darauf an, wie jeder mit diesem Geld umgeht. Der Grundbetrag ist der gleiche, der Einzelne macht die Differenz. In der matthäischen Version wird unter den drei Dienern viel Geld verteilt, aber der Unterschied zwischen fünf und einem Talent ist dennoch beachtlich. Es ist leichter, das eigene Kapital zu vermehren, wenn man schon viel Geld besitzt, als dasselbe mit weniger Geld zu versuchen. Im Hinblick auf das Endergebnis hängt hier die Leistung nicht allein von der eigenen Tüchtigkeit ab, sondern auch von den Bedingungen, die den guten Verlauf der Geschäfte von vornherein begleiten.

– In beiden Fassungen erfüllen zwei von den drei Dienern den Auftrag ihrer Herren, auch wenn sie unterschiedlich großen Erfolg haben. Der dritte Diener scheitert, weil er mit dem ihm anvertrauten Geld keinen Gewinn erzielt. Bei den zwei „Topverdienern" ist der Gewinn nicht gleich groß, auch nicht im Verhältnis zu dem, was sie als „Startkapital" hatten. Bei dem einen bringt eine Mine zehn Minen ein; er verzehnfacht also das anvertraute Kapital (er hat also aus den 10.000 € 100.000 € gemacht). War er ein Finanzgenie oder vielleicht nur ein erbarmungsloser Wucherer oder gar ein begabter Betrüger? Das Gleichnis lässt das offen und sagt nichts darüber. Der andere fügt den fünf ihm überlassenen Talenten noch fünf weitere hinzu; er verdoppelt also das Kapital, und zwar in einem beträchtlichen Umfang.

– Beim jeweiligen zweiten Diener laufen die Dinge ähnlich. Mit einer Mine verdient der eine fünf Minen (er verfünffacht das Kapital). Der andere Diener verdoppelt das Kapital, indem er zu den zwei Talenten noch zwei weitere gewinnt. Die Herren dieser Diener konnten stolz auf ihre Tüchtigkeit und mit dem großen Gewinn zufrieden sein, den sie durch ihre Mitarbeiter erzielten.

10.1.2 Gewinner und Verlierer

Das Gleichnis hebt in beiden Fassungen auf den Kontrast zwischen den beiden ersten Dienern, die mit dem ihnen anvertrauten Geld einen großen Gewinn erzielen konnten und dementsprechend belohnt werden, und dem dritten Diener ab, der das Geld versteckt und deswegen nichts gewinnt. Es geht um Gewinner und Verlierer. Die Verlierer werden in beiden Fassungen mit ähnlichen Zügen geschildert:

- Beide Diener haben Angst vor ihrem jeweiligen Herrn, denn sie wissen um seine Strenge. Er ist einer, der erntet, wo er nicht ausgestreut hat (Mt 25,26; Lk 19,21), wodurch seine Härte angedeutet wird.

- Mit diesen Aussagen erklären sie ihren Umgang mit dem anvertrauten Geld. Es klingt wie eine Entschuldigung, und es ist auch so: Sie wollten sichergehen und lieber auf Gewinn verzichten, als einen Verlust zu riskieren.

- Beide Diener müssen von ihren Herren die gleiche Belehrung hören. Sie hätten das Geld auf die Bank bringen sollen, dann hätten ihre Herren es mit Zinsen zurückerhalten (Mt 25,27; Lk 19,23). Man kann annehmen, dass der Gewinn in diesem Fall nicht so groß ausgefallen wäre wie jener, den die anderen Diener erzielt haben, aber so wird deutlich, dass die Herren auch mit einem geringeren Gewinn zufrieden gewesen wären.

- Die Bestrafung der Diener erfolgt sofort, und damit bestätigen die Herren ihre bekannte Strenge. Den ängstlichen Dienern wird das ihnen anvertraute Geld – eine Mine bzw. ein Talent – weggenommen und es wird ausgerechnet denen gegeben, die zuvor am meisten verdient hatten. Wer zehn Talente hatte, bekommt eines hinzu; wer schon zehn Minen hat, bekommt eine hinzu. Die Erklärung für die eigenartige Maßnahme bringt keine Klarheit:

„Denn wer hat, dem wird gegeben werden und er wird im Überfluss haben; wer aber nicht hat, dem wird auch noch weggenommen, was er hat." (Mt 25,29; vgl. Lk 19,26)

Die Aussage lässt sich als eine paradoxe Bestätigung der Verhaltensweisen der zwei ersten Diener auffassen, die mit dem anvertrauten Geld nicht inaktiv blieben und die notwendige Risikobereitschaft zeigten, wenngleich sie auch über eine gute bis sehr gute Ausgangsposition verfügten. Wer hingegen nichts riskiert, ist der große Verlierer.

10.2 Das Gleichnis vom anvertrauten Geld im MtEv

Im vorigen Kapitel zum Gleichnis von den zehn Jungfrauen (Mt 25,1–13) haben wir einiges über die Struktur von Mt 25 gesagt. Die Geschichte vom anvertrauten Geld (Mt 25,14–30) bildet die Mitte einer Gleichnis-Trilogie, die mit der Szene vom Endgericht abschließt (Mt 25,31–46).

10.2.1 Die Rede vom Ende aller Dinge im MtEv

Das in der Alltagssprache wenig bekannte Wort „Eschatologie" bezeichnet in der theologischen Fachsprache die „Lehre von den letzten Dingen", das heißt vom Tod und was danach folgt: das Endgericht und die Vollendung bei Gott oder die ewige Verwerfung. So weit die Schultheologie. Die altchristliche Literatur kannte diese Systematik nicht und hat die Fragen in anderer Form behandelt. Der Evangelist Matthäus bietet ein gelungenes

Beispiel für den Versuch, der Überlieferung treu zu bleiben und zugleich die klassischen Fragen anders zu stellen und zu beantworten.

Er zögert nicht, die „eschatologische Rede" in Mk 13 mit einigen Änderungen zu übernehmen. In Mt 24 kombiniert er diese Überlieferung mit jener von Lk 17,22–37, die das Thema ergänzt. Aber er bleibt nicht bei den Fragen nach dem Zeitpunkt und nach den Zeichen, die das Ende der Welt ankündigen, stehen. Ungefähr 50 Jahre nach dem Tod Jesu mussten die Christen mit der Zeit des Lebens anders umgehen als die früheren Generationen. Weil sich die Fragen nun anders stellten, konnten die Antworten nur dann befriedigen, wenn sie auf die neue Situation eingingen. Die drei Erzählungen in Mt 25 sind solche Antworten.

Der Evangelist ist sich bewusst, dass er durch die Verbindung von Mt 24 und 25 eine neue Einheit schafft. Er betrachtet die Erzählungen in Mt 25 nicht als eine sekundäre Erweiterung, sondern als Bestandteil einer großen eschatologischen Rede, zu der neue Themen hinzutreten, die in der Überlieferung nicht vorhanden waren. Um seine kreative Intention zu bekräftigen und jeden Zweifel daran zu beseitigen, macht er in 26,1 die typische Bemerkung, die am Ende jeder Rede (7,28; 11,1; 13,53; 19,1) steht: *Und es geschah, als Jesus alle diese Reden beendet hatte, sagte er zu seinen Jüngern …*

Vor diesem Hintergrund gewinnen die drei Erzählungen in Mt 25 ein neues Gewicht. Ihre Bilder und Inhalte sind jeweils sehr verschieden, aber sie stehen nicht als getrennte Blöcke da, die zwar zum gleichen Kapitel gehören, aber nichts miteinander zu tun haben. Sie bildeten ursprünglich keine literarische Einheit. Die Parallele zu Mt 25,14–30 in Lk 19,12–27 weist auf einen anderen Kontext hin. Mt 25,1–13 und 25,31–46 gehörten zum Sondergut des Evangelisten. Wenn sie jetzt in Mt 25 eine erzählerische Einheit bilden, legt sich die Vermutung nahe, dass der Verfasser damit eine bestimmte Botschaft im Zusammenhang mit dem Ende aller Dinge vermitteln wollte. Die Aufgabe jedes Lesers des Evangeliums besteht darin, diese Botschaft zu erkennen.

Das Gleichnis von den zehn Jungfrauen spiegelt die Erfahrung wider, dass der Herr seine Ankunft verzögert, wie der Bräutigam in der Erzählung. Die Gläubigen sollen mit der Verspätung rechnen und ihre Lebenszeit als Geschenk und zugleich als Herausforderung annehmen. Das mag richtig sein, aber es klingt sehr allgemein. Konkret gefragt: Wie soll der Gläubige mit dem Geschenk der Zeit umgehen? – Die Geschichte vom anvertrauten Geld ist eine erste Antwort darauf. Mit dem Geschenk der Zeit sind die Gaben verbunden, die jeder Gläubige in sich trägt. Unabhängig von den unterschiedlichen Begabungen ergeht die Aufforderung, nicht ängstlich passiv zu bleiben, sondern diese Gaben fruchtbar zu machen. In der Zeit des Lebens ergeben sich aus den Gaben die Aufgaben. – Die dritte und letzte Erzählung – vom Endgericht in Mt 25,31–46 – wird eine wesentliche Ergänzung bringen (s. dazu u. Kap. 11).

10.2.2 Die eschatologische Ausrichtung des Gleichnisses vom anvertrauten Geld

Ein Blick auf die unterschiedliche Belohnung der Diener in den beiden Fassungen unserer Geschichte verrät einiges über ihre Aussageintention.

(1) In Lk 19,11–26 verfolgt der Mann „von vornehmer Herkunft" ein politisches Ziel. Er will König werden und reist

deswegen in ein fernes Land, um die Königswürde für sich zu erlangen (Lk 19,12). Obwohl er im eigenen Land eine starke Opposition hat, kommt er als König zurück. Die Diener, die von ihm eine Mine bekommen und damit gute Geschäfte gemacht hatten, werden reichlich belohnt. Wer mit einer Mine zehn Minen dazuverdiente, wird Herr über zehn Städte. Wer mit einer Mine fünf Minen dazuverdiente, wird Herr über fünf Städte (Lk 19,17–19). Der neu gekrönte König teilt seine Macht und setzt Leute seines Vertrauens ein, damit sie das Land mitregieren. – Alles bleibt auf der politischen Ebene dieser Welt.

(2) Anders in der matthäischen Fassung: Die Diener, die jeweils fünf bzw. zwei Talente gewinnen, hören die gleiche Aussage von ihrem Herrn: *Sehr gut, du tüchtiger und treuer Diener. Über Weniges warst du treu, über Vieles werde ich dich setzen. Komm, nimm teil am Freudenfest deines Herrn* (Mt 25,21.23). Die Diener werden gelobt, aber die in Aussicht gestellte Belohnung bleibt sehr vage. Dass sie über Weniges treu waren, ist eine Untertreibung. Sie verfügten über fünf bzw. zwei Talente, und das ist, wie wir gesehen haben, sehr viel Geld. Wenn das als „wenig" bezeichnet wird, dann verliert sich das angekündigte „viel" in den Bereich des Unermesslichen. – Das *Freudenfest deines Herrn* ist insofern konkreter, als ein solches Fest im Rahmen einer eschatologischen Rede nur die himmlische Vollendung bedeuten kann. Das bedeutet, dass der Umgang mit der von Gott geschenkten „Begabung" über die endgültige Gestalt des eigenen Lebens vor Gott entscheidet. – Das Geschenk der Zeit (Mt 25,1–13) schafft keinen leeren Raum, sondern ein Feld voller Möglichkeiten, in dem der Gläubige eingeladen wird, aus den empfangenen Gaben das Beste zu machen.

10.3 Das Menschenbild des Gleichnisses

Wir vergleichen weiterhin die zwei Fassungen des Gleichnisses, weil sie sich gegenseitig beleuchten und durch den Vergleich das jeweilige Profil besser erkennen lassen.

Im Hinblick auf das Menschenbild, das den beiden Fassungen zugrunde liegt, muss man einräumen, dass es zu Fragen Anlass gibt, und dadurch zugleich bedenkenswert erscheint.

Dass alle Menschen über die gleiche Begabung verfügen wie die Diener in Lk 19,12–27, die alle die gleiche Geldsumme empfangen, stimmt nicht. In jeder Hinsicht sind Begabungen unterschiedlich verteilt, und von daher sind auch die Chancen im Leben nicht für alle gleich. Aber auch unter dieser fragwürdigen Voraussetzung enthält die Geschichte eine wichtige Botschaft. Bei jedem Menschen gibt es Möglichkeiten, die sich entfalten können. Der Akzent liegt auf der Bereitschaft und Fähigkeit, die verborgene Kraft so gedeihen zu lassen, dass aus ihr eine Frucht hervorgeht. Die Behauptung, alle Menschen seien gleich begabt, lässt gerade umso deutlicher die Bedeutung der eigenen Verantwortung hervortreten, und darauf kommt es an.

Vor dem Geschenk der Zeit kann sich jeder Gläubige fragen, ob damit nicht auch die Stunde gekommen ist, die Dinge anzupacken, die jetzt anstehen, ohne nach links oder rechts zu schauen, ob die anderen vielleicht begabter sind als er, im festen Vertrauen, dass das, was er von Gott empfangen hat, ausreichend ist, um die sich stellende Aufgabe zu bewältigen. Nur eines soll er auf jeden Fall vermeiden: aus Angst vor einem möglichen Scheitern überhaupt auf einen Versuch zu verzichten.

Die matthäische Fassung geht von einer positiven Annahme aus, die aber auch nicht zutrifft: dass nämlich alle Menschen reich begabt sind und, obwohl nicht alle im gleichen Ausmaß mit Talenten beschenkt wurden, sich keiner beklagen darf, zu wenig bekommen zu haben. Der Diener, der nur ein Talent erhalten hat, gehört nicht zu den Armen im Lande, auch er verfügt über ein beachtliches Kapital. Aber sind wirklich alle Menschen so talentiert? Ein realistischer Blick auf die Gesellschaft wird ein disparates Bild auffangen, in dem herausragende Talente – im Bereich von Technik, Wissenschaft, Kunst, Sport usw. – keine alltägliche und häufige Erscheinung sind. Damit übernehmen wir den Sprachgebrauch, den der Evangelist mit seinem Gleichnis verwendet: Talent ist eine überdurchschnittliche Begabung, die grundsätzlich von der Natur geschenkt wurde. Sie braucht Pflege und Übung, aber sie ist schon von vornherein gegeben.

In dieses Bild gehören auch die vielen, die den Durchschnitt bestimmen, die „aurea mediocritas", die goldene Mitte, die sich auch über kleine Errungenschaften freuen kann, weil sie weiß, wie viel Anstrengungen sie gekostet haben. Statistisch bilden sie die große Mehrheit. Sie erkennen und bewundern die Talente der wenigen anderen, aber normalerweise akzeptieren sie den bescheidenen Platz, der ihnen zufällt. Durch den Diener, der ein Talent erhält, werden sie eigentlich nicht repräsentiert. Hat der reiche Herr an sie nicht gedacht? Im Gleichnis scheinen sie nicht vorzukommen.

Schließlich dürfen wir eine Gruppe nicht vergessen, die nicht gleich wahrgenommen wird. Es sind die von Natur aus Benachteiligten, die Menschen mit körperlicher und geistiger Behinderung, die auf Hilfe von anderen angewiesen sind, um ihren Alltag meistern zu können. Auch wäre an die vielen Millionen zu denken, die bedingt durch politische, ökologische oder sonstige ungünstige Umstände am Rand der Gesellschaft leben.

Im Jahr 2020 betrug die Zahl der Flüchtlinge, die ihre Heimat verlassen haben, um Sicherheit in anderen Ländern zu suchen, etwa 80 Millionen. Es versteht sich von selbst, dass sie in einer Geschichte von Talentierten fehlen.

Ist die Geschichte vom anvertrauten Geld eine schöne, aber unrealistische Erzählung, die uns nicht tief berühren kann, weil wir uns in ihr nicht wiederfinden können? Die folgenden Überlegungen sind der Versuch, auf diese Frage eine Antwort zu geben.

Zugegeben: Wir sind keine Genies, die mit Recht als talentiert gelten. Wahrscheinlich gehören wir zu den vielen „Normalverbrauchern" in dieser Welt. Die richtige Selbsteinschätzung ist ein Zeichen von Klugheit. Aber das ist nicht unvereinbar mit dem Gleichnis von den Talenten. Es geht darum, dass wir uns darin als diejenigen erkennen, die von Gott beschenkt wurden, und damit sind auch die Gaben gemeint, die uns gegenüber anderen zwar nicht besonders auszeichnen, aber doch unseren eigenen, persönlichen Reichtum ausmachen. Vor Gott sind wir alle „wert-voll", denn er ist schließlich der großzügige Geber. Unser Selbstwertgefühl ist nicht allein eine psychologische Angelegenheit, sondern auch und primär eine theologische, weil es mit dem Gott unseres Glaubens zu tun hat. Der Spielverderber ist nicht der Spieler, der schlecht spielt, sondern der Spieler, der nicht mitspielen will. Die Geschichte von den Talenten zeigt unser wahres Gesicht vor Gott – wir wurden von ihm reichlich begabt – und gewährt uns das Selbstvertrauen, um am Spiel des Lebens teilzunehmen.

Für die Gruppe der Benachteiligten, der Menschen mit Behinderung und die unzähligen Opfer einer Welt ohne Erbarmen muss die Antwort so extrem sein, wie es ihre Lage ist. Die Antwort ist der Hinweis auf das Kreuz Jesu, das Ende der Talente und jeder Hoffnung. Meistens ohne es zu wissen und immer ohne es zu wollen, nehmen sie am Los des Gekreuzigten teil. Für sie gibt es wahrhaftig keinen Platz im Gleichnis von den Talenten. Aber der Evangelist spricht von ihnen gleich darauf in der Rede von den letzten Dingen, unmittelbar vor der Leidensgeschichte und vor den Auferstehungserzählungen. Im Zusammenhang mit dem Kreuz und der Auferstehung Jesu bringen sie einen überraschenden Kontrast zum Ausdruck. Gerade weil sie aus der Welt der Talentierten und Gewinner ausgeschlossen sind, zeigen sie die Kraft der Hoffnung in der Hoffnungslosigkeit, den Glanz des Lichts in der Finsternis.

11 Geschichte und Endgericht

„Du sollst nicht über Dinge reden, von denen du nichts weißt!"
So oder so ähnlich kennen wir diese Ermahnung. Sie gehört zu
den vernünftigen Verhaltensregeln im Leben. Aber wir stellen
fest, dass in unserer geschwätzigen Gesellschaft die Neigung zu-
nimmt, über alle mögliche Themen – meistens im Ton fester
Überzeugung – die eigene Meinung zu äußern, als würden wir,
wenn nicht über alles, so doch über vieles Bescheid wissen. Die
ernüchternde Erfahrung, dass das oft nicht stimmt, stellt leider
selten genug die nur schwach begründete Überzeugung vom eigenen Wissen und Können infrage.

„Geschichte" und „Endgericht" sind zwei Begriffe, die zu
verschiedenen Bereichen der Wirklichkeit und der Erkenntnis
gehören. „Geschichte" meint die Zeit der Welt in all ihren Dimensionen und das in dieser Zeit Geschehene. Sie kann durch
Methode, Verstand und Fleiß erkannt werden, auch wenn vieles
fragmentarisch und unsicher bleibt. Anders verhält es sich mit
dem „Endgericht". Der Terminus weist auf eine religiöse Vorstellung hin, die nur in einigen Glaubensbekenntnissen einen
festen Platz einnimmt, die also nur durch den Glauben, nicht
durch die Vernunft und die historische Methode erkannt werden kann. Wenn wir also wagen, etwas über das Endgericht auszusagen, dann nicht, weil wir meinen, etwas darüber zu wissen,
sondern weil wir auf die Botschaft des Glaubens hören. Das ist
die Quelle unseres „Wissens". Ansonsten wäre ein schlichtes
Schweigen in Sachen Endgericht die richtige Haltung.

Auch die biblische Überlieferung sieht die Distanz zwischen Geschichte und Endgericht, aber – und das ist ihre

Eigenart – sie hebt zugleich ihre innere Bezogenheit hervor. Worin besteht nun diese Bezogenheit? Was ist in der Geschichte relevant oder gar entscheidend in der Stunde des Gerichts, jenseits von Zeit und Raum? Auf diese Fragen gibt Mt 25,31–46 eine sehr originelle Antwort.

11.1 Mt 25,31–46 und die Rede vom Ende aller Dinge im MtEv

Nach den Gleichnissen von den zehn Jungfrauen (25,1–13) und von den Talenten (25,14–30) schließt die Beschreibung des Endgerichts (25,31–46) die vom Evangelisten gestaltete Erweiterung der Szenen vor der Passion ab. Wir haben gesehen: Auf das Geschenk der Zeit (25,1–13) folgt die Aufforderung, die empfangenen Gaben fruchtbar zu machen (25,14–30). Wie soll das geschehen? Die Antwort findet sich in der letzten Einheit, die uns jetzt beschäftigt.

11.1.1 Eine imponierende Szene

Wie das Endgericht aussieht, wissen wir nicht. Die Bilder, die in bekannten oder unbekannten Darstellungen üblich sind, entsprechen der Phantasie und den theologischen Vorstellungen der Künstler, die sie geschaffen haben, und können für sich nicht mehr in Anspruch nehmen, als auf eine ganz andere Wirklichkeit hinzuweisen, die sich nicht in Bildern ausdrücken lässt. Wenn dennoch diesen Bildern ein gewisser Wahrheitsgehalt zugesprochen werden kann, hängt das nicht davon ab, ob sie eine Realität wiedergeben. Auch in ihrer Funktion als Hinweis auf das ganz Andere sagen sie in ihrer eigenen Sprache etwas aus. Bilder sind vieldeutiger als Worte, und in der Ambivalenz der Formen bleiben sie offen für unterschiedliche Deutungen. Das schließt indes die Möglichkeit nicht aus, dass sie eine klare Botschaft vermitteln.

Unter diesen Voraussetzungen wollen wir die Darstellung des Endgerichts in Mt 25,31–46 näher betrachten. Ort des Geschehens ist der Himmel. Hier erscheint der Menschensohn in Begleitung der Engel und nimmt Platz *auf dem Thron seiner Herrlichkeit* (25,31). Passend zu diesen Symbolen der Macht ist im Folgenden nicht mehr vom Menschensohn die Rede, sondern vom *König* (25,34.40). – Nach diesen einleitenden Angaben betreten die Personen die Szene, die deren Zweck und Sinn bestimmen. Alle Völker versammeln sich, das heißt die ganze Menschheit erscheint am Ende der Zeit im Himmel vor dem Menschensohn, und er wird sie voneinander scheiden. Es ist die Zeit des Endgerichts.

11.1.2 Das Urteil und die Begründung

In einer Gerichtsverhandlung wird ein Urteil gefällt. Eine solche Entscheidung beinhaltet eine Scheidung. Auch hier ist dies der Fall. – Der Menschensohn bzw. der König, der in dieser Szene als Richter agiert, wird mit einem palästinischen Hirten verglichen, der am Abend die Schafe von den Ziegenböcken trennt (also nicht die männlichen von den weiblichen Tieren). So werden die Menschen im Endgericht voneinander geschieden, und zwar zuerst räumlich: Die einen kommen zur Rechten des Königs, die anderen zu seiner Linken. Dann hören sie die Begründung für die Scheidung.

Im ersten Teil des Gleichnisses (25,34–40) wendet sich der König an jene zu seiner Rechten, die Gerechten und vom himmlischen Vater Gesegneten, die für das Reich als Erbe seit der Erschaffung der Welt bestimmt waren. Die Auflistung ihrer guten Taten ist auf verschiedene Formen der Not bezogen (25,35–36):

- Natürliche Bedürfnisse wie Hunger und Durst: Den Hungrigen und Durstigen haben die Gerechten zu essen und zu trinken gegeben.
- Soziale Not als Leben in der Fremde und in extremer Armut: Sie haben den Fremden aufgenommen und dem, der nicht einmal Kleider besaß, Kleidung gegeben.
- Soziale Ausgrenzung durch Krankheit und Gefangenschaft: Die Gerechten haben Kranke und Gefangene besucht; sie konnten deren Not zwar nicht beseitigen, aber ihre Anwesenheit signalisierte Solidarität und Mitgefühl, und brachte ihnen Trost.

Unzählige Menschen leiden unter den genannten Formen der Not, und die von den Gerechten geleistete Hilfe hat einige von ihnen erreicht. Aber der König hat nicht die große Menge von Bedürftigen in der Welt im Blick, sondern sich selbst: *Denn ich war hungrig ... ich war durstig ...* usw. So wird die Frage verständlich: *Herr, wann haben wir dich hungrig gesehen und dir zu essen gegeben ...?* Die Wiederholung der guten Taten, jetzt in Frageform, wirkt monoton, aber der Evangelist kümmert sich nicht um literarischen Glanz, sondern um Klarheit in der Sache.

In seiner Antwort erklärt der König, auf welche Weise die Gerechten ihm zu Hilfe kamen, obwohl sie anderen Menschen halfen und ihn nicht sahen: *Was ihr für einen meiner geringsten Brüder getan habt, das habt ihr mir getan* (25,40).

Die Aussage ist bekannt und klingt vielleicht abgegriffen, ihr Inhalt ist aber verblüffend. Kein Geringerer als der Menschensohn, der himmlische König und Richter der Welt hat sich im Verlauf der Geschichte in der Gestalt des extrem Bedürftigen verborgen, und die Menschen werden im Endgericht den Lohn oder die Strafe dafür erhalten, ob sie ihm in dieser Gestalt geholfen haben oder nicht. Die Verbindung zwischen Geschichte und Endgericht kann enger nicht sein.

(2) Im zweiten Teil des Gleichnisses (25,41–46) wendet sich der König an jene zu seiner Linken. Das Schema des ersten Teils wiederholt sich, aber jetzt unter negativem Vorzeichen. Der Trennung beider Gruppen voneinander folgt nun die Trennung vom endzeitlichen Richter: *Geht weg von mir, ihr Verfluchten, in das ewige Feuer, das für den Teufel und seine Engel bestimmt ist!* (25,41) Die Begründung der drakonischen Strafe erfolgt entsprechend dem ersten Teil. Es sind die gleichen Formen der Not, und das Ich des Königs repräsentiert alle Notleidenden (25,42–43). Der folgenreiche, ja fatale Unterschied zur Gruppe der Gerechten besteht darin, dass die nun Verfluchten nichts getan haben, um diese Not zu lindern: *Was ihr für einen dieser Geringsten nicht getan habt, das habt ihr auch mir nicht getan* (25,45). Im Endgericht bekommt der Mensch die Quittung für das, was er in seinem Leben/in der Geschichte getan oder auch nicht getan hat: *Und diese werden weggehen zur ewigen Strafe, die Gerechten aber zum ewigen Leben* (25,46). Die räumliche Trennung von rechts und links wird aufgehoben und durch eine viel radikalere – ewige Strafe einerseits, ewiges Leben andererseits – ersetzt.

Die monotone Wiederholung der verschiedenen Formen der Not geht auf die Absicht des Verfassers zurück, die entscheidende Bedeutung der Taten hervorzuheben. Zweimal kommen sie im ersten Teil vor, zweimal im zweiten Teil, jeweils als Aussage des Königs und als Frage der Betroffenen.

In dieser Konzentration auf das Wesentliche wird die Frage nach dem Beweggrund, weswegen einige angesichts der Not geholfen haben und die anderen nicht, völlig übergangen. Sicherlich haben alle die Not wahrgenommen – sonst würden sie keine Verantwortung tragen –, aber nicht alle haben in gleicher Weise reagiert. In der Geschichte vom barmherzigen Samariter (Lk 10,30–37) sehen alle drei, die vorbeigehen, den, der halbtot daliegt, aber nur der Samariter sieht ihn und hat Mitleid (10,33). Der Blick des Erbarmens wirkt bei ihm als Impuls zum Handeln. – In unserem Gleichnis hingegen fehlt jeder Hinweis auf die Motivation der Menschen. Allen gemeinsam ist die Unkenntnis über den in Gestalt der vielfach Notleidenden verborgenen Herrn. Sie haben nicht erkannt, wem sie in Wirklichkeit geholfen oder nicht geholfen haben.

11.2 Christologische Perspektiven

11.2.1 Die Verborgenheit des Messias

Das Neue Testament bezeugt mehrere christologische Entwürfe. Wir meinen damit nicht nur die christologischen Titel – Christus, Menschensohn, Prophet, Logos, Hohepriester usw. –, sondern auch die verschiedenen Vorstellungen mit programmatischer Bedeutung, z. B. von Jesus als Lehrer im MtEv oder von Jesus als Wanderer im Lukasevangelium.

Die Christologie des MtEv ist ein komplexes Gefüge. In den vorangegangenen Kapiteln konnten wir dies mehrmals feststellen. Mt 25,31–46 ergänzt das Bild Christi. – In den unterschiedlichen christologischen Entwürfen geht es immer um die Gestalt, die die dazugehörigen Züge zeigt, und daher können wir den Christus in seiner Eigenart wahrnehmen. Anders verhält es sich im vorliegenden Gleichnis. An Titeln fehlt es nicht:

Er ist der Menschensohn, der König, nach seiner Rolle auch der Richter, bildlich ist er der Hirt – aber er offenbart sich den Gläubigen in keiner dieser Gestalten. Er ist nicht erkennbar, weil er sich in der Gestalt jedes einzelnen Bedürftigen verbirgt.

Diese Vorstellung geht über den Inhalt des bekannten Christushymnus in Phil 2,6–11 hinaus. Die Entäußerung (griech. kénosis) des Erlösers vollzieht sich in seiner Inkarnation, indem er die „Gottesgestalt" aufgibt, um „Sklavengestalt" anzunehmen. In seiner Erniedrigung wird der Knecht jedoch von Gott erhöht und als Kyrios angebetet und erkannt. – Von dieser herab- und hinaufsteigenden Bewegung lässt Mt 25 keine Spur erkennen. Der König bleibt hier verborgen hinter dem Gesicht des Elends.

11.2.2 Verborgenheit und Präsenz

Von seinen Feinden und allgemein von den Heiden muss der Psalmist oft die höhnische Frage hören: *Wo ist dein Gott?* (Ps 42,4.11; 79,10; 115,2) Unabhängig von ihrer polemischen Absicht drückt sich in der Frage eine Erfahrung aus, die auch der Gläubige macht: die Erfahrung der Verborgenheit oder Abwesenheit Gottes in unserer Welt. Wo bleibt er und seine schützende Hand in der Stunde tiefen Unglücks? Die paradoxe Aussage in Jes 45,15 fasst in denkbarer Kürze die Antwort des Glaubens zusammen: *Wahrhaftig, du bist ein verborgener Gott, Israels Gott, der rettet.* Ohne Einschränkung erkennt der Prophet die Verborgenheit Gottes in der Welt an, weil Gott in seiner Heiligkeit erhaben und unverfügbar ist, aber die Distanz zwischen Himmel und Erde ist nicht so groß, dass sein Wirken hier unmöglich gemacht oder annulliert würde. Er bleibt der rettende

Gott, auch wenn seine Entscheidungen unergründlich und seine Wege unerforschlich sind (Röm 11,33).

Als sich die ersten Hinweise auf die tragische Enthüllung anbahnen, bemerkt der Chor in „König Ödipus" (910) des Sophokles: „Das Göttliche schwindet." Nicht die Wirklichkeit Gottes wird in Frage gestellt: Er ist groß und altert nicht (871–872). Sein Walten in der Welt und die absehbare Bestrafung des tragischen Helden scheinen jedoch die Spuren des Göttlichen im Bereich der menschlichen Erfahrung zu beseitigen. Wenn das Göttliche schwindet, dann ist Gott nicht verborgen, sondern abwesend. Der schutzlose Mensch ist allein.

Die zitierten Texte sind nicht als Parallele zum verborgenen Messias in Mt 25 gedacht. Sie zeigen vielmehr zum einen die Spannbreite der Vorstellungen zu diesem Thema, zum anderen heben sie die Eigenart unserer Stelle hervor. Denn als Verborgener ist der Messias gegenwärtig in jedem Notleidenden. Ohne diese reale Gegenwart würde sowohl die Belohnung derer, die ihm geholfen haben, als auch die Bestrafung derer, die ihm nicht geholfen haben, ihren Sinn verlieren. Der Ausdruck „Realpräsenz", der in der Schultheologie die Gegenwart des Erhöhten in den Gestalten von Brot und Wein bezeichnet, ist in diesem Zusammenhang ebenso zutreffend. Die Verborgenheit des Messias bedeutet in keinem Fall das „Schwinden des Göttlichen" wie bei „König Ödipus". Sie bedeutet auch nicht Unsichtbarkeit, denn er zeigt sich in konkreten Gestalten – entschieden zu zahlreich – in unserer Welt. In ihnen ist er gegenwärtig als der Verborgene.

11.2.3 Die Begegnung mit dem Verborgenen

Wenn das Gleichnis so verstanden wird, wie wir es ausgelegt haben, stellt sich die Frage, ob es nicht einem Versteckspiel gleichkommt, bei dem es darauf ankommt, den endzeitlichen Richter zu entdecken, auch wenn er jetzt ganz anders aussieht. Zu beachten ist jedoch die Frage der Gerechten und der Verurteilten: *Wann haben wir dich gesehen …?* Entdeckt haben sie ihn nicht. Sie haben ihm geholfen oder nicht, ohne zu wissen, wer hinter diesen leidenden Personen stand, ohne zu ahnen, dass in ihnen der endzeitliche König verborgen und doch real gegenwärtig war. Er war verborgen und unkenntlich, aber in jedem Fall war er da.

Der christliche Glaube kennt mehrere Formen der Begegnung des Menschen mit Gott. Einige wurzeln in der biblischen Überlieferung, wie das Hören auf das Wort der Schrift, das Gebet und das Zeugnis der eigenen Taten. Andere kommen von der christlichen Tradition her, wie die Feier des Gottesdienstes und die sakramentale Praxis. Keine dieser Formen wird aufgehoben oder als überflüssig erklärt, aber unser Gleichnis eröffnet einen anderen Weg.

Am besten mag die „Menschlichkeit Gottes" den Weg bezeichnen, auf den der Evangelist in diesem Abschnitt hinweist. Damit ist die radikale Zuwendung Gottes an die Menschen gemeint, die in der Gestalt Jesu, dem Abbild des unsichtbaren Gottes (Kol 1,15), unwiderruflich offenbart wurde. Er ist der gleiche Gott, der sich in der Geschichte Israels als „Immanuel" erwiesen hat (Jes 7,14; Mt 1,18), der Barmherzigkeit will und nicht Opfer (Hos 6,6; Mt 9,13; 12,7), der die Welt so geliebt hat, dass er seinen einzigen Sohn gesandt hat, um die Welt zu retten (Joh 3,16–17).

Diese Menschlichkeit geht so weit, dass sich die Begegnung mit dem verborgenen König völlig frei von religiösen Bedingungen vollzieht. Weder Glaubensbekenntnis noch religiöse Praxis sind gefragt. „Alle Völker", das heißt die ganze Menschheit ist dort zum universalen Weltgericht vor dem Menschensohn versammelt. Ethnische und religiöse Unterschiede spielen keine Rolle mehr. In dieser letzten Stunde, die wahrlich die Stunde der Wahrheit ist, hängt alles ausschließlich von der eigenen Haltung den Notleidenden gegenüber ab. Die „Menschlichkeit Gottes" ist Mitmenschlichkeit, und wo diese verletzt oder geleugnet wurde, zieht sich Gott zurück und überlässt den Menschen seiner Nichtigkeit. Darin besteht das Gericht.

11.3 Ekklesiologische Perspektiven

Die repräsentativen Gruppen der Gesellschaft, besonders die politischen und religiösen, bilden Unterschiede ab, die Spannungen innerhalb der Gesellschaft erzeugen. Man braucht nicht zu den angeblich „konservativen" im Sinn von „rückwärts orientierten" Menschen zu gehören, um sich zu fragen, ob die hier gebotene Deutung die christliche Botschaft nicht auf den Horizont der Mitmenschlichkeit reduziert, bei dem die horizontale Linie die allein bestimmende ist. Wo bleibt das spezifisch Christliche, das uns von einem reinen Humanismus unterscheidet? Es geht nicht zuletzt um die christliche Identität in einer Welt, die allzu gerne alles nivellieren möchte, um den Eindruck von Normalität zu erwecken und das Anormale zu kaschieren. Als Beispiel: Ohne sich explizit auf diese Stelle zu beziehen, würde sich ein Streit zwischen sogenannten „Rechts-" und „Linkskatholiken" unausweichlich um die Frage drehen: Sollen wir uns nicht vornehmlich um die Pflege unseres Glaubenslebens in der Liturgie und um die Praxis der Nächstenliebe in einem kirchlichen Rahmen kümmern, oder sollen wir nicht viel eher an die Peripherie bzw. an die Grenzen gehen, um dort unseren Glauben zu bezeugen?

Die gängige Antwort auf die gestellte Frage mit einem „sowohl – als auch" wird prinzipiell richtig sein, birgt aber die Gefahr, die Provokation der Szene vom Endgericht zu verharmlosen und ihre Wahrheit zu verschleiern. Dazu drei Bemerkungen:

(1) Im Sinn des biblischen Glaubens, den Jesus verkündet, hebt der Evangelist die Bedeutung der konkreten Antwort auf die Gaben Gottes hervor, und sie besteht in den Werken, mit denen der Gläubige den Willen Gottes erfüllt, nicht in den Worten, mit denen er Gott anruft (Mt 7,21), und schon gar nicht in einer Frömmigkeit der äußerlichen Formen und der leeren Inhalte (23,5–7). Auf die „Praxis des Glaubens" und auf die „religiösen Pathologien" haben wir verschiedentlich hingewiesen (s. o. 2.3; 5.2).

(2) In der Glaubensgeschichte Israels ist diese Haltung nicht neu, sondern sie knüpft an die prophetische Forderung an, das Gottesrecht als Recht des Menschen zu verkündigen. Als sich die Propheten auf die Seite der Schwachen und Armen stellten und die Sorge für sie und die Gerechtigkeit für wichtiger als die Erfüllung liturgischer Pflichten erklärten, folgten sie nur dem Grundprinzip, dass es unmöglich ist, Gott zu lieben, den man nicht sieht, wenn einer den Bruder nicht liebt, den er sieht (vgl. 1 Joh 4,20). Die Sache Gottes ist immer auch die Sache des Menschen. Jeder Verrat an der Menschlichkeit ist auch Verrat an Gott.

(3) Der verborgene König wird von denen, die ihm in der Gestalt der Bedürftigen helfen, nicht erkannt, aber der König er-

kennt sie und vergisst sie nicht, wie sein Urteil in der Stunde des Gerichts zeigt. Anders als bei den oft vorgetragenen Vorbehalten äußert sich im angeblichen „Horizontalismus" oder in einer reduktiven Mitmenschlichkeit der echt universale Anspruch einer Christologie, die Erhöhung und Erniedrigung in der Gestalt des himmlischen Königs verbindet. Er ist in allen Armseligen dieser Welt real präsent und spricht allen Menschen, die ihnen helfen, Heil zu.

Am Ende der eschatologischen Rede in Mt 25 werden die Leser mit einer frappierenden Ansicht konfrontiert: *Was ihr für einen meiner geringsten Brüder getan habt, das habt mir getan* (25,40.45). Darin können sie ihre Verantwortung – auch ihre Aufgabe – in der Zeit der Geschichte erkennen, der sie sich nicht entziehen dürfen. Dann werden sie Jesus, den Bruder, erkennen, den König der Endzeit.

Ausblick

Das MtEv lässt sich aus verschiedenen Perspektiven lesen und verstehen. Hier haben wir uns für eine entschieden, die sich aus dem Text selbst ergibt: Jesus als der Lehrer, der durch Matthäus, den anderen Lehrer, verkündet wird. Die Schule Jesu ist die Grundlage für die Schule des Matthäus. Daraus lässt sich ein Doppeltes folgern:

(1) Die Lehre Jesu, so wie sie im Evangelium enthalten ist, bestimmt den Inhalt der Botschaft der Jünger an alle Menschen (Mt 28,20a). Der Evangelist hat sie aus der Tradition übernommen, aber nicht einfach so weitergegeben, wie er sie empfing, sondern schöpferisch neu gestaltet. Das Ergebnis ist das unverwechselbare Profil seines Werkes. Der Vorgang hat sich in allen folgenden christlichen Generationen wiederholt, sofern sie sich von diesem Evangelium inspirieren ließen.

Jetzt sind wir eingeladen, uns in diese Reihe einzugliedern. Die Treue zu seinem Inhalt wird sich nicht dann zeigen, wenn wir ihn so wiedergeben, wie er auf uns kam, sondern wenn wir mit ihm so kreativ umgehen, dass seine Worte den Menschen unserer Zeit und Kultur verständlich werden. Echte Treue verlangt Kreativität, um sich unter ganz anderen Umständen zu bewähren.

Es ist wahrlich keine theologische Verarmung oder Verfall in eine kurzsichtige „Jesulogie", wenn wir die in diesem Sinn verstandene Lehre Jesu als Mitte der Verkündigung herausstellen. In ihr ist alles enthalten, was zu einer vollständigen Christologie gehört – wenn es eine solche gibt. Die hier behandelten Themen stellen den Versuch dar, diese Behauptung zu untermauern.

Das MtEv gehört zwar zum einen Evangelium „in vierfacher Gestalt" (Irenäus von Lyon), aber es besitzt eine eigene Prägung. Angesichts der unzähligen Bestimmungen und Verlautbarungen im kirchlichen Bereich wäre es ein großer Gewinn, den klaren Blick für das eigentlich Wesentliche zu bewahren. Die Fokussierung auf das MtEv gewährt dazu konkrete Hilfe.

(2) Bei jeder Lehre geht es um Inhalte, die von den Lernenden aufgenommen und verstanden werden sollen. Der Evangelist hat sich große Mühe gegeben, damit dies auch mit seinem Werk geschieht. Aber er weiß auch, dass seine Bemühungen umsonst sind, wenn dem Lernen nicht das Handeln folgt. Zu seiner Lehre gehört unabdingbar das Moment des konsequenten Handelns.

In allen Zeiten der Kirchengeschichte hat das MtEv seine Spuren hinterlassen. Seine „Wirkungsgeschichte" ist gewaltig. Aber so wie seine Gegenwart überall spürbar ist, so auch seine Abwesenheit, als hätten die Gläubigen oftmals seinen Inhalt vergessen. Gewiss wurden die Worte dieses Evangeliums immer wieder vorgetragen, sei es in der Liturgie, sei es im Gebet des Vaterunsers oder im Ritus der Taufe. Was jedoch schmerzlich zu kurz kommt, ist die Umsetzung der vermittelten Inhalte in die Praxis. Der Autoritäts- und Vertrauensverlust der Kirche ist nicht allein Folge gesellschaftlichen Wandels, noch geht er auf fehlende Rechtgläubigkeit zurück. Schwerer dürfte eine mangelhafte Praxis wiegen, die die Forderungen des Evangeliums de facto ignoriert. Das 21. Jahrhundert hat den Blick auf diese bedauerliche Entwicklung geschärft.

Die Zeit des Evangeliums scheint noch nicht ganz gekommen zu sein, aber sie kann unsere Zeit werden.

Schriftstellenverzeichnis

Vom gleichen Autor bei HERDER

Horacio E. Lona
Mit den Psalmen beten
Eine Einführung
160 S., gebunden
2021
ISBN (Print) 978-3-451-39107-1
ISBN (E-Book) (PDF) 978-3-451-83107-2

Alle, die sich mit den Worten der Psalmen an Gott wenden, wissen um die Schwierigkeiten, die damit verbunden sind. Oft handelt es sich um das Gefühl, mit fremden Worten umzugehen, als würden wir eine Sprache verwenden, die wir äußerlich kennen, deren Sinn uns aber verschlossen bleibt.

Es ist gut, die Psalmen so zu kennen, dass ihre Worte in uns nachklingen. Aber die Psalmen, die wir beten, sind uns vorgegeben und entsprechen selten unserem persönlichen Befinden. Wie können wir dann mit den Psalmen beten? Horacio Lona versucht, darauf eine Antwort zu geben: Auf eine grundlegende Einführung in das Psalmengebet folgt ein thematischer Durchgang, in dem beispielhaft Psalmen zu den Themen Geborgenheit, Not und Leid, Freude, Sünde und Vergebung, Lob, Messias, Jerusalem, Tod und Leben vorgestellt werden.

Erhältlich in jeder Buchhandlung
HERDER